起業力

課題ドリブンで
ビジネスを考える

佐藤堅一
SATO KENICHI

幻冬舎MC

起業力

課題ドリブンでビジネスを考える

はじめに

「世の中のためになることをやりたい」「好きなことで稼ぎたい」「自分のアイデアが世間に通用するのか試してみたい」

　起業家を目指す動機は人によってさまざまです。そして、起業するからには成功を収めたい、毎年成長し続ける企業にしたいと願うのは当然のことと思います。しかし、起業すれば誰でも成功するわけではなく、スタートアップ企業が生き残っていくのは簡単なことではありません。中小企業庁の「２０２２年版　小規模企業白書」によると、創業された企業が生き残る割合を示す企業生存率は創業１年で95・３％、２年で91・５％、３年で88・１％、４年で84・８％、５年で81・７％となり、５社に１社は５年以内に倒産もしくは廃業の道をたどっているのです。

　私は現在、ＩＴ技術を駆使した写真販売のプラットフォームサービスを提供する会社を経営しています。もともとは自衛官として８年間陸上自衛隊に在籍していましたが、趣味だった写真で人々から感謝される仕事がしたいと思い、２００６年にカメラマンとして独立しました。２００８年にカメラマン派遣の会社を立ち上げた当初は鳴かず飛ばずのいつ倒産してもおかしくない状態でしたが、保育園・幼稚園および保護者向けのオンライン写真販売事業を始めてからは売上が毎年右肩上がりで伸び続け、２０２３年現在、サービス利用者は３００万人を超えています。コネも知識もない元自衛官がなぜここまで成長し続ける会社をつくることができたのか――。その理由は、顧客の課題を解消するという視点でビジネスの種を見つけることができたからです。つまり「何をしたいか」ではなく「何を解決したいか」という課題ドリブンでビジネスモデルを構築したのです。

しばしば起業家は自分がしたいことからビジネスを考えてしまいますが、それでは自己満足の延長に過ぎません。自分の強みや特技を活かしてどんなにすばらしいサービスや商品をつくっても、それを必要とする顧客が不在ではビジネスは成立しないのです。顧客ニーズとは顧客の困り事、つまり課題から生まれます。課題を解決することは顧客への価値提供になり、その対価としてお金を受け取るウィンウィンのサービス・商品が出来上がる――。このように顧客の課題からビジネスモデルを組み立てることで、5年10年と成長し続ける企業をつくることができるのです。

本書では、顧客の課題を解決するビジネスモデルを確立し会社を成長させることができた私の経験を基に、起業を成功させるために必要な考え方や経営のヒントをまとめています。事業の持続可能性を高めていくために、本書が一助になれば幸いです。

目次

第2章

起業成功のカギは「何をしたいか」ではなく「何を解決したいか」
課題ドリブンでビジネスの種を見つける

第3章

起業家にはアイデアを形にする創造力が必要
徹底したユーザー視点でビジネスモデルを組み立てる

第4章

経営とはヒト、モノ、カネのバランスを保つこと 理想と現実のギャップを埋め続けることが起業家のミッション

第5章

会社を発展させるために課題発見力と課題解決力を磨く 自走型組織を構築し、進化し続ける会社を目指す

第1章

コネなし知識なしの元自衛官が生み出した 急成長を遂げるビジネスモデル

民間企業との違いに悩む

２０２２年に日本政策金融公庫が発表した「２０２２年度新規開業実態調査」によると、起業家の起業年齢の平均は43・5歳です。私が会社を立ち上げたのは28歳のときだったので、起業家としてのスタートは比較的早かったのだと思います。今では会社はＩＴ技術を駆使した写真販売のプラットフォーム事業を主軸として毎年右肩上がりの成長を続けることができていますが、私は最初から起業家になりたかったわけではありません。起業を考えだしたのはカメラマンをやっていた26歳のときで、カメラマンになる前、私は８年間自衛官として働いていました。

自衛官を目指す人たちにはさまざまな志望動機があります。国を守るという使命感をもっている人もいますし、親や親戚が自衛官だったからという人もいますし、公務員としての安定を求めて志望する人もいます。私の場合は災害派遣に出向いて困っている人を助けるという明確な目的があり、具体的には、災害現場で大人２人を１人で担いで助けるというイメージをもっていました。それを実現するために日々の訓練はもちろん筋トレも欠かしませんでしたし、勤務が終わってからも毎日2時間ほどトレーニングをしていました。

当時の私はとにかく災害派遣に行きたくて仕方がない自衛官でしたので、隊のなかでも周りとは温度差がありました。同期の隊員は勤務時間後に遊びに行きますが、私は体育館で筋トレです。自衛隊で行われる腕立て伏せなどのトレーニングは、教官がやめと言うまで何回も続く地獄のトレーニングなのですが、そういうトレーニングですら、私は自分の体づくりにつながると考えて嬉々として取り組んでいました。

このままでいいのだろうか、と思い始めたのは、20代半ばに差し掛かった頃からです。誰かの役に立つ仕事をしたいという熱意がある一方で、日々の訓練や自衛隊という組織そのものへの疑問を徐々に感じるようになりました。

日々の訓練という点では、例えば、草刈りをすると決まれば全員で草刈りをします。１００人のグループなら１００人全員で草刈りです。自衛隊は一致団結して危機に立ち向かうため、草刈りという作業においても一体感と連帯感の醸成を大事にするのです。それはそれで大事なことだと分かるのですが、個人としては50人ではだめなのかと、非効率的だと感じました。また、自衛隊は公的な組織ですので、幕僚長を筆頭とする上官はいますが経営者がいません。つまり組織運営に経営の考え方がなく、例えば、人件費などのコストに対する意識が薄いとも感じました。

そもそも自衛隊と民間企業を比較することがおかしいのかもしれませんが、世の中の大半は民間企業で、社会も経済的には民間企業によって成り立っています。そのような社会で生きていくうえでは生産性やコストに目を向けなければならないのではないかと考えたとき、ここは自分がいるべき場所ではないのかもしれないと思ったのです。

災害派遣を待つことへの葛藤

自衛隊は、階級によって差があるものの、多くが54歳で定年退職となります。私がいた駐屯地には１０００人くらいの自衛官がいて、誕生日を迎えて定年となった先輩隊員が毎週のように退職していきます。退職する自衛官は、ほかの自衛官が並んで見送ります。セレモニーの一つとして隊員がずらりと門の前に整列し、退職する人に花束を渡したり握手をしたりして見送るのです。

その様子を幾度となく見守りながら、自分の将来が見えた気がしました。国を守ることを職務とし、その職務を定年まで全うすることは非常に尊いことです。家族のために働くことも大事です。しかしそれが自分が望む人生か、自分はそのために生まれてきたのだろうかと考えたとき、いよいよ自分は自衛隊とは別の場所で仕事を見つけなければならないと思いました。私が求めているのは安定ではなく誰かの役に立つことで得られる感謝や達成感なのだと確信したのです。

また、私は災害派遣で役に立つために入隊したのですが、そもそも災害はそれほど頻繁に起きるわけではありません。特に私が勤めていた立川市にある駐屯地は、多摩川が氾濫したときか高尾山に飛行機などが墜落したときしか出動機会がなく、そのような災害や事故は滅多に起きませんし、この先、私が自衛隊を退職するまで起きない可能性もあります。災害のときに役に立ちたいという思いはありますが、そのための努力がいつ実るのか分からない状態はどうしてもモチベーションが下がります。

そこでもう一つ思ったのは、災害派遣をチャンスとして待つことに対する違和感です。災害派遣は人々から感謝される仕事ですが、社会にとっては望ましくないことが起きている状態です。つまり自分が誰かの役に立つためには誰かの不幸を待たなければなりません。これは警察や消防の人たちも同じです。彼らは世の中から事件や事故や火事がなくなることを願い、同時に、何かが起きたときを想定して訓練を行います。それが彼らの役目であり存在意義でもあるのですが、私はそこに葛藤がありました。災害が起きて出動し、その結果として対価をもらうという受動的な立場ではなく、自分の主体的な行動に対して対価をもらえる仕事をしたほうが私には向いていると思ったのです。

感謝は自分でつくり出せる

それまで自衛隊を辞めたいとはっきり思っているわけではありませんでした。しかし自分の将来のことを考えると、いずれどこかで辞めなければならないとは思っていました。

上官には、やんわりとですが辞めようかと考えていることも伝えました。ただ、ほとんど共感は得られませんでした。自衛官は、日々の訓練が厳しく感じて辞める人や、家業の都合で辞める人などはいますが、当時の私のように仕事も訓練も好きなのに辞める人はほとんどいません。元自衛官の経営者は珍しいと周りが言うように、起業するために辞めるという選択肢を取る人は少ないのです。特に私は順調に昇進していましたので、その点でも辞めるのはもったいないと言われました。

趣味でカメラを始めたのは、そんなモヤモヤした気持ちを抱えている頃のことでした。自衛隊ではマラソン大会などの各種イベントがあります。私は広報担当ではなかったのですが、ボランティア感覚でカメラを持ち出して走ったり笑ったりする隊員たちの写真を撮り、現像してプレゼントしました。そのときに「撮ってくれていたんだ、ありがとう」と感謝され、感謝は自分でつくり出すことができると実感したのです。このときはまだカメラは趣味程度でしたが、カメラが好きですし写真をプレゼントすれば感謝されます。それならカメラで商売を始めてみてはどうかと思い始めました。カメラマンとして生計を立てられるかどうかは未知数で、実績も経験も写真業界とのコネクションもありません。しかし、人生を変えたいのであれば、今までとは異なる道を歩き始める必要があります。そう考えて、２００６年に自衛隊を辞めて、個人事業としてカメラマンを始めることにしたのです。

カメラマンとして食べていくのは至難の業

カメラマンは資格が必要な仕事ではないため、機材さえあれば誰でもカメラマンを名乗れます。ただ、カメラマンになることと、カメラマンとして稼ぐことは別の話です。まずは仕事をいただける状態を整えていかなければなりません。私はカメラ雑誌の後ろのページに載っている求人広告などを見ながら仕事を探すことにしました。

仕事探しは一筋縄ではいきませんでした。例えば、求人広告を出している会社のなかにカレンダー用の犬の写真を撮っているスタジオがあり、未経験者ＯＫ、犬好きな人という条件が書いてあります。私は未経験ですし、犬も好きです。しかし、面接を受けに行くと、カメラマンとして未経験ではなく、犬の撮影が未経験でもＯＫという意味ですと言われ、まともに取り合ってくれません。その面接官には、多少なりともカメラマンとしての経験や実績がないとうまくいかない、別の仕事を探したほうがいいとも言われました。

私は性格的に、だめだ、無理だ、できないと言われると、どうにかして実現してやろうと考えます。ネガティブな言葉を聞けば聞くほど熱量が上がりますし、そもそもできないことはないとも思っています。面接官の言葉で仕事獲得の意欲に火が付いた私は、ドッグカフェでの仕事を獲得しました。週末に撮影会をさせてほしいと頼み、カメラマンとしての初の仕事が成立したのです。その後も同じ方法で営業をして、2件目、3件目の仕事を獲得しました。

とはいえ、片手に収まるような数の仕事では到底食べていくことはできません。しかも、コネも実績もなく、自分よりも腕の良いカメラマンなどいくらでもいるなかで、ペット専門のカメラマンになって将来成功するビジョンは描けませんでした。

そんなモヤモヤした日々のなかで、私は保育園や幼稚園で子どもの写真を撮る仕事に出会いました。撮ってみて感じたのは、子どもたちからたくさんの元気をもらえたということです。そのことに気づいたとき、私は保育園や幼稚園に向けた営業に力を入れ、園児の写真を撮る分野に特化したカメラマンを目指し、極めようと決めたのです。

また、カメラマンとして独立した3カ月後、私は保育園や幼稚園にカメラマンを派遣する仕事も始めます。その理由は、運動会、ひな祭り、七夕、クリスマスといった行事は時期が重なるため、私一人では複数ある園の依頼に対応しきれないと分かったからです。行事にはカメラマンが呼ばれますが、同じ日に複数の撮影をこなすことはできません。そこで、一方では園に向けた営業をして依頼を増やしながら、もう一方ではカメラマンを募集し、そのマッチングを行うカメラマン派遣の仕事をすることにしたのです。

未経験者も活躍できる機会を増やしたいと考えていたので、カメラマン募集では未経験者も歓迎しました。彼らにはどんな機材をそろえればよいかといったアドバイスをしつつ、撮り方のポイントなども教えながら、一緒に頑張っていきましょうと励まして撮影の仕事を割り振っていきました。

人の役に立つための仕組みが必要

　カメラマンの仕事もカメラマン派遣の仕事も、当初は個人事業として行っていました。しかし、独立して4年後の２０１２年4月に、私は会社をつくることを決意しました。

　きっかけはある保育園の園長先生から質問を受けたことです。保育園での営業を終えて私が帰ろうとしたとき、「このあと、帰り道で佐藤さんが事故に遭ったりしたら、今後の撮影はどうなるんでしょう」と聞かれたのです。

　そのときまで、私は自分の仕事のことしか考えていませんでした。とりあえず売上があり、依頼数も着々と伸びていたため、そのことに安心していたのです。しかし、この質問が顧客目線で考えるきっかけになりました。私に何かあった場合、私が担当している撮影もほかのカメラマンに依頼した撮影もおそらくすべて中止になります。そうなると園も園児たちも、園児の保護者も困ります。

　それを防ぐためには、自分がいなかったとしてもサービスを提供し続けられる仕組みをつくらなければなりません。その一歩として、会社というきちんとした組織をつくり、依頼者である園が安心できるようにしようと考えたのです。

さっそく帰り道に書店に寄って会社設立に関する本を買いました。その分野については何も知りません。周りに会社をつくったことがある経験者もいません。右も左も分からない状態でしたが、その後、税理士を探してどうにか会社をつくることができました。

税理士との会話で一つ印象に残っていることがあります。それは税金に関するやり取りでした。個人事業主の所得には所得税が掛かります。所得税の金額は所得に比例するため事業が赤字だった場合には税金が掛かりません。一方、会社が納める税金には法人税と法人住民税があります。法人税は会社が赤字だった場合には発生しませんが、法人住民税は黒字、赤字に関係なく掛かります。その金額は資本金１０００万円以下、従業員50人以下の会社で７万円です。

私はその制度について知ったとき、７万円は高いと思いました。赤字になって、さらに法人住民税が掛かるのは負担が大きそうだと思ったのです。今になって考えてみれば、年間で７万円、月額にして６０００円に満たないくらいですので、たいした支出ではありません。しかし、会社設立に関する知識がなかった私にはその出費が大きく感じられたのです。

そんな話をする私に対して、税理士はそんなことは気にしないほうがいいと言いました。7万円におじけづくのではなく、7万円が安く感じるくらい稼いでやるという気持ちで取り組まなければ経営はできないと諭してくれたのです。

そう言われて、私は7万円という小さな世界にとらわれていることを自覚しました。言い換えれば、人の役に立つという大きな目的と、7万円という小さな負担を天秤に掛けていたのです。

この一言がなければ、少なくともこのタイミングでは会社設立を見送っていただろうと思います。実際の経営では細かく経費などを計算することも大事ですが、それよりも起業して実現したい大きな目的に目を向けることが大事だと理解したのでした。

写真販売をデジタル化

カメラマンとして仕事を増やし、カメラマン派遣の仕事も拡大しながら、私は2009年に今の事業の前身となる写真販売のプラットフォームサービスをスタートしました。保育園や幼稚園の先生たちが撮った園児たちの日常の写真や、園の行事などでプロのカメラマンが撮影した写真を保護者に販売するプラットフォームサービスです。

通常、保育園や幼稚園の先生たちが撮った写真は、園内の壁に貼り出すなどして保護者に販売します。これは壁貼り展示といわれる方法で、園にとって大きな業務負担になっていました。

園の先生は、まずは撮った写真を街中の写真店などで現像し、番号を振って壁に貼り出します。保護者はその一覧を見て、欲しい写真を注文し、園では誰が何番の写真を何枚注文したか受け付けて、注文に応じて現像し、封筒に入れて保護者に渡します。料金のやり取りも発生します。

この一連のアナログ作業をオンライン化したのが、私が始めたサービスです。流れとしては、まず先生たちが撮った写真のデータをプラットフォームにアップロードします。保護者はその写真を自分のパソコンやスマートフォンの画面で確認し、欲しい写真を選択して購入ボタンを押します。誰が、どの写真を何枚注文したかはシステムで管理し、注文に応じて私たちが現像し、注文ごとに封筒に入れた状態で自宅に発送します。

サービス内容を聞いて、シンプルな事業だと考える人も多いと思います。実際、アナログだった販売方法をデジタルに置き換えただけですので、仕組みそのものはシンプルです。

しかし、このようなサービスが世の中にはありませんでした。先生たちは、写真は壁に貼り出して売るものだと考え、その業務に掛かる体力的、時間的な負担はどうしようもないものだと思っていました。保護者も壁貼り展示で写真を見て、購入するのが当たり前だと思っていました。そういうものという固定観念が当時の写真販売の文化としてあり、進化を阻んでいたのです。

新しいサービスで事業環境が大きく変化

写真販売のプラットフォームサービスは、当初はよく分からない、使い方が難しそうといった理由で様子見されることがありましたが、徐々に利用する園が増えていきました。また、このサービスは園の先生たちが実際に使ってみることによって、こんなにラクになるならばもっと早く使いたかったと実感してもらえます。壁貼り展示の業務から解放されて初めて、自分たちがいかに大きな負担を抱え、時間と神経を使ってきたのかに気がつくのです。

サービス開始後も、ユーザーの声を聞きながら、細かくサービス内容を磨いていきました。例えばこのボタンはこっちにあるほうがいい、この画面が見づらいといった意見を踏まえて、UIである操作画面を調整していったのです。また、社内ではパートや社員の採用担当をはじめ、営業活動を行う人を増やしました。園以外にも写真販売の業務が負担になっている企業はあるはずという仮説を立てて、異業種に向けた横展開もスタートしました。

現在は、保育園や幼稚園だけでなく、芸能事務所に所属するタレントなどがイベントに出演した際に、その写真をファンに販売するプラットフォームとしても利用されています。サービス開始から約10年で登録団体は６５００以上に増え、２０１９年にはビジネスモデル特許も取得しました（特許第６６１５６１１号）。

サービスの成長に伴って、会社の事業内容も変わりました。立ち上げ時は撮影とカメラマン派遣の会社でしたが、今はプラットフォームサービス事業が軸です。

サービス開始当初は、営業に行ってもプラットフォームサービス事業そのものが理解されなかったのですが、今は個人売買のメルカリや、クラウドファンディングのキャンプファイヤーといったプラットフォームサービスが広く認知され、実際に使っている人も増えたことで、細かく説明しなくてもサービス内容を理解してもらえるようになりました。会社の規模も、自衛隊を辞めて一人でカメラマンを始めたときから15年の間に従業員は75人に増え、売上高は創業当時の数百倍になりました。

売上は喜んでくれた顧客の数に比例します。あらためて自衛隊時代から振り返ってみて、私にとって何よりもうれしいのは、会社が成長し、サービスの利用者が増えて、より多くの人から感謝の言葉をもらえるようになったことなのです。

成功イメージを鮮明に描く

事業は一朝一夕ではつくれません。プラットフォームサービスを軌道に乗せるまでにさまざまな課題がありましたし、会社の規模を大きくしていく過程でも、採用方法で悩んだり、営業方法を試行錯誤したりする場面がありました。

そのような困難があっても、どうにか事業を成立させ、成長させられた理由は２つあると思っています。１つは誰かの役に立ちたいという強い思いがぶれなかったことです。これはＩＴや写真に関係なく、あらゆるサービスを成立させるために必要な仕事の本質であり、自衛隊のような公的な仕事にも不可欠な要素です。どんなサービスも誰かに感謝されるものでなければ売上にはつながらず、事業も会社も消滅するはずです。

幸い、私は自衛隊に入ろうと思ったときに、誰かの役に立って感謝されることを働く目的にしようと決めました。当時は直感的にそう思っただけで、仕事の本質とは何か、働く目的は何かといった難しいことを考えたわけではありませんが、感謝されるためにはTAKEより先にGIVEすることが大事だと思っていたのです。

しかし、その直感が大事でした。仕事の内容は、カメラマン、カメラマン派遣、プラットフォーム運営へと変化し、その過程でも、飲食店はどうか、○○はどうかと模索しながら右往左往しましたが、誰かの役に立ちたいという思いはぶれなかったのです。

また、感謝されたいという気持ちが強いほど、感謝されるイメージも鮮明になっていきます。私に限らずですが、起業する人に共通しているのは成功のイメージが具体的であることです。こんな人に喜んでほしい、こんな感動を与えたい、そのためにはこんなサービスが必要だ、といったイメージが鮮明で粒度が高いのです。

反対に、起業に向けた1歩目がなかなか踏み出せない人や、ちょっとした障壁で挫折してしまう人は、感謝されている自分のイメージがぼんやりとしています。車に例えるなら、ナビで目的地を定めないまま、走り出すようなものです。目的地があいまいな状態では思い切りアクセルを踏むことができません。あっちにも行きたいけど、こっちも捨て難い、感謝されたいのかすごいと褒められたいのか分からない状態であるため、課題や障壁を乗り越えるための気力や知恵が出ないのです。

起業は目的が大事です。何をするか、何をしたいかを考える前に何のため、誰のためを明確にすることが重要なのです。

挑戦を後回しにしない

事業の成立と成長のために、あらゆる課題を乗り越えられた2つ目の理由は、挑戦することの価値を理解できていたことです。当たり前のことですが、人は一秒一秒老いていきますし、過ぎ去った時間を巻き戻すことはできません。年を取ることによって挑戦意欲が低下していくとすれば、起業して成功できる可能性は今が最も大きく、その可能性は日に日に小さくなっていきます。つまりＩＴについて学ぶことも、人脈づくりに取り組むことも、それが課題解決につながる可能性は、今日よりも明日、1年後より10年後のほうが小さくなります。

起業したいといいつつ結局できない人に共通しているのは、この部分が理解できていないことだと思います。例えば、もう少し環境が整ってから、もう少し勉強してから、という人がいます。その考えも分からなくはないですが、非常にもったいないと思います。なぜなら挑戦のタイミングが遅くなるほど、事業を成立、成功させられる可能性が小さくなっていくからです。

起業の意欲がありつつも、結局起業できずに終わってしまう人が、忙しかったからとか家族がいてリスクが取れなかったからなどというのは、突き詰めれば挑戦のタイミングを後回しにした結果だといえます。

挑戦しなければ課題は永遠に解決できません。課題を解決するためには挑戦しなければなりません。この当たり前でシンプルな理屈が理解できているかどうかだと思うのです。

やるかどうかを決めるのは自分

挑戦という点でもう一つ大事だと思うのは、やるかやらないか、できると思うかできないと思うかはすべて自分が決めているということです。

私は起業すると決めていました。プラットフォームサービスをつくり、成長させられると思っていましたし、そう思っているからこそ疑うことなくこの事業に自分の時間を使ってきました。その結果、過去にないサービスを生み出し、磨き続けることができました。仮に周りの人などが無理だといい、その意見を鵜呑みにしてしまえば、起業の可能性は小さくなります。喜ぶ人が減り、人の役に立てる機会も消滅するのはもったいないと思います。だから私と同じように起業を志す人にも周りの声に過度に影響されないでほしいと思うのです。

あるいはそもそも自分が無理だ、難しいと思っているから、そういう人の声に影響されるのかもしれないと思います。自分を信じていない、または挑戦意欲がなく失敗を嫌がる気持ちがある人が、周りの無理だという意見に同調することで、やっぱり無理だと思ってしまうのです。

できるかどうかはやってみなければ分からないものです。やってみるかどうかは自分が決めることです。挑戦してうまくいかない可能性もあります。しかし、挑戦した人にしか見えない景色もあります。うまくいかなかったとしても、その過程で学ぶことはありますし、学びがあるなら挑戦する意味もあります。学んだことを踏まえれば次の挑戦がうまくいく可能性が高くなります。

そう割り切れたことは自分にとって大きなポイントでした。自分の人生に対する評価基準として、うまくいったかどうかは実はそれほど重要ではないと思っています。それよりも挑戦したかどうか、挑戦し続けているかどうかのほうが重要で、挑戦した回数で自分を評価する考え方も大事だと思います。

起業するかどうかは別としても、その差は社会人としての価値にも影響していきます。経営者の視点から見ると、挑戦を避けて生きてきた人よりも、20代のうちからいろいろなことに挑戦してきた人と一緒に働きたいと思います。

挑戦は学びにつながり、知見と経験が増えます。30代はリーダーとして活躍し、40代、50代は管理職として頼られる人たちも、周りの人と比べて挑戦した数が多いはずなのです。さらに先を見ると、年を取って人生を振り返ったときに、あれに挑戦したかった、これもやりたかったと後悔する人よりも、あれもやった、これもやったと言える人のほうが魅力的に感じますし、そういう人生を送りたいとも思っています。

失敗ではなく発見

プラットフォームサービスが認知され、成長していくにつれて、起業を目指す人から相談を受ける機会が増えました。その際に感じるのは、失敗を恐れている人がとても多いということです。

失敗とは何かと聞かれたら、私は挑戦しないことだと答えています。効率重視の時代になるほど、そつなく無駄なく無理なく生きることがかっこいいという価値観が生まれますし、そういう環境で生きてきた若い人には、スマートであることが当たり前で、泥臭く動き回るような経験がもともと少ないようにも感じます。ただ、起業を含めあらゆることが挑戦から始まるということは起業を目指す人たちに伝えたいですし、理解してほしいと思っています。

人生を大きく2つに分けると、成功も失敗もない人生と、成功と失敗がある人生になると思います。成功はいらないのでとにかく失敗を避けたいと考えるなら、それも人生の選択ではありますが、起業を目指すのであれば後者の人生を選ばなければならないですし、失敗はせずに成功するような都合が良い人生も実体験としてあり得ないだろうと思います。

むしろ上手に失敗を避け、成功に向かってとんとん拍子で進んでいくと考えること自体が間違いであるようにも思います。起業して成功をつかむことは大きな挑戦であり、その過程ではうまくいかないことが連続的に起きるのが普通です。

さらにいえば、若いときの失敗はよほどのことがない限り致命傷にはなりません。若ければ若いほど、周りが温かい目で見守ってくれますし、助けてくれる人やカバーしてくれる人も現れます。逆に年齢が上がっていくほどその年齢ならこれくらいのことはできて当然とハードルが上がり、失敗が致命傷になる可能性も大きくなります。

プラットフォームサービスを軌道に乗せるまでの過程でも、うまくいかないことはたくさんありました。ただ、私はそれを失敗とは思っていません。
一般的にはうまくいかないことを失敗ということもありますが、私にとっては、失敗ではなく発見です。この方法はうまくいかない、この仕組みでは事業にならないという事実を、体験を通じて発見することだと思っています。そう考えると、重要なのは誰よりも早くうまくいかない方法を見つけることといえます。うまくいかない方法をたくさん発見するほど、うまくいく方法が見えやすくなるはずだからです。

これから起業する人に対しても、その方法はうまくいかないと思う、こういうやり方に変えたほうがいいと思うといったことを、実体験を踏まえて伝えることができます。成功した人は成功した方法だけでなく、うまくいかなかった方法も知っています。それも価値の一つだと思いますし、その価値を高めていくために先陣を切って挑戦したことが、今の事業の成長につながったと思うのです。

第2章

起業成功のカギは「何をしたいか」ではなく「何を解決したいか」課題ドリブンでビジネスの種を見つける

仕事の本質は課題解決

仕事という言葉にはいろいろな解釈がありますが、私は誰かの課題を解決することが仕事だと考えています。

例えば、お腹が空いた、時間が足りないといった困り事や、遠くに行きたい、友達とつながりたいといった願望を解決するのが仕事であり、その対価として報酬をもらいます。

お腹が空いている人に食事を提供する行為は仕事として成立します。売上が発生しますし感謝もされます。しかし、時間が足りないと困っている人に食事を提供しようとしても拒否されたり迷惑がられたりするはずです。

当たり前のことのように聞こえるかもしれませんが、起業を考える人のなかにはこの当たり前のことを無視して失敗する人がいます。その一例が、自分が何をしたいか、あるいは何ができるかといった自分を起点にして仕事の内容を考えるケースです。

例えば、パンが好きだからパン屋を開くのは、何をしたいかが起点になっている例であり、あんぱんがうまく作れるからあんぱん専門店を開くのは、何ができるかが起点になっている例です。

好きなことや得意なことを仕事にするのは理想的なことでもあると思います。私自身、自衛隊を辞めてカメラマンになった理由の一つは写真を撮ることが好きだったからでした。

しかし、その仕事によって誰かの課題を解決できなければ報酬はもらえません。パンが好きという強い思いがあったとしても、出店場所の近くにおいしいパン屋がいくつもあったとしたら、その店はうまくいかないと思います。おいしいパンを食べたいという課題がすでに別の店で解決されているため、新たにパン屋を出店しても課題解決にならないのです。

あんぱんがうまく作れるという技術に関しても、もしかしたらあんぱん専門店として繁盛するかもしれませんが、普通に考えれば、お客さんはあんぱんだけが欲しいわけではなく、食パン、カレーパン、クロワッサンなども買いたいと思います。あんぱんしかないパン屋は、あんぱんを食べたいと思っている人の課題解決はできますが、それ以外のパンを食べたいと思っている人の課題解決はできません。

課題解決の範囲が狭ければ狭いほど、その仕事は成立しづらくなります。事業として成り立たせるためには、おいしいあんぱんが作れることよりも、おいしいあんぱんを食べたいと思っている人や、食べられなくて困っている人がどれくらいいるのか、つまり課題ありきで、課題を起点にビジネスアイデアを練っていく課題ドリブンで考えることが重要なのです。

課題がコモディティ化する時代

課題ドリブンで考えていくためには、まず課題を見つけなければなりません。最近は課題がコモディティ化している時代といわれます。コモディティ化とは価値の低下や陳腐化を意味する言葉です。

かつては小さな課題でも、それを解決することで事業になりました。しかし、今は世の中があらゆる面で便利になり、小さな課題は軒並み解決済みです。新たな課題が見つけにくく、課題を見つけること、またその課題を解決することの価値が低下しているというわけです。

実際スマートフォンがあればあらゆるサービスが手元の操作で受けられます。何か買いたい場合も近くにはコンビニがあり、コンビニで売っていなければインターネットで注文すれば、だいたい翌日には欲しいものが届きます。なんでもそろう世の中になるほど新たな課題を見つけるのは難しくなりますし、世界的な潮流として環境保護やＳＤＧｓといった大きな社会課題が注目されるようになったのも、日常生活や日々の仕事のなかでの課題が見つけづらくなったため、大きい課題に目を向けざるを得なくなったからだと見ることもできます。

ただ、細かく見ていけばまだまだ課題はあります。人は常に便利さを求め続けるため、世の中全体が便利になっても、さらに便利に、もっと快適にという欲求は常にあるものです。

今の時代の起業では、そのような課題を見つけることが重要です。周りからは便利で快適に見えても、実は不満や不安があることも多いです。課題がコモディティ化している時代だからこそ、事業化につながるような課題を見つけ出す力をもっているかどうかが起業家としての明暗を分けると思うのです。

課題は現場に落ちている

細かな課題を見つけるためのポイントは2つあります。1つ目は現場を見ることです。かつて大ヒットした映画でも、「事件は現場で起きている」という有名なセリフがありました。課題の発見も同じで、パソコンの前でじっと考えているだけでは見つかりません。現場を見ないで課題を想像するから、あんぱんを作りたいといった自分のやりたいことが優先され、課題解決と結びつかないビジネスアイデアになってしまうのです。

現場に行ってみると、想像していなかったような苦労があるものです。こんな非効率な方法で仕事をしているのか、こんなにアナログなのかといった発見がありますが、それは外部の人だから見えることも多く、当事者である顧客は、そういうもので仕方がないと思っているケースがあります。

私自身、写真販売のプラットフォームサービスを着想したのは、現場で話を聞いたことがきっかけでした。独立してから数年間、私はカメラマンをしつつ、カメラマン派遣の仕事もしていました。その仕事先である保育園を訪れたときに、園の入り口で先生が園児たちの写真を貼り出している様子を見掛けたのです。壁貼り展示のための作業で、園長先生が一枚一枚写真を貼り、番号を振っていました。

壁には園児の写真がたくさん貼り出されており結構な枚数があったため、私は大変そうですねと声を掛けました。

すると、園長先生は私のほうを振り向き、真剣な表情で大変なんてもんじゃないと返したのです。このときまで、私は写真の撮影も販売も先生たちが楽しみながらやっていると思い込んでいましたが、実際はそんな気楽なものではなく、大きな負担になっていることに気づいたのです。

園長先生によれば、撮る手間は掛からないけれど、壁に貼り出し、保護者に販売する過程が大変だといいます。写真を貼ることだけでなく、注文を受けて、注文どおりにプリントし、封筒に詰め、代金を回収するといった一連の作業に手間と時間が掛かっているということでした。

また、壁貼り展示は手作業で手計算ですから、注文と違う写真を入れてしまったり、写真を入れ忘れたり、お釣りが間違っていたりといったミスが起きます。先生たちは園児と保護者に喜んでもらいたいと思っているのですが、そのようなミスによって保護者のお叱りを受けることもあるといいます。

その話を聞いて、壁貼り展示は誰も幸せにならない仕組みだと思うとともに、現場を知る重要性を実感しました。また、長年抱えてきた誰かの役に立って感謝されたいという欲求と意識が反応し、これはビジネスになる課題だとも思いました。

このときはまだビジネスモデルの詳細までは浮かびませんでしたが、一連の壁貼り展示の業務をデジタル化すれば園の先生たちの課題を解決できると思ったのです。壁貼り展示の大変さは、部屋にこもって考えてもおそらく気づけなかったと思います。だからこそ、現場が大事です。この作業が大変、あの業務に手間が掛かるといった愚痴（事業のヒント）をぽろっとこぼしてくれる人間関係をつくるという点も含めて、現場を無視して課題解決はできず、あらゆる課題は現場に落ちているものなのです。

自分の経験から課題を見つける

課題を見つけるために重要な2つ目のポイントは実感です。実感とは、消費者、生活者、働き手として感じることで、自分が不便だなあ、こうなったらいいのにと感じることも課題であり、事業のヒントだということです。

園長先生から課題を聞き、私は写真販売のデジタル化を構想しました。具体的には、園側では先生や行事の撮影を依頼したカメラマンなどが撮影した写真をアップロードし、保護者はその写真を見て注文し、写真の送付と決済もオンラインで完結するＩＴプラットフォームをつくるというアイデアです。写真販売がデジタル化できれば、園の先生たちには喜ばれる、そういう確信はありました。大変なんてもんじゃないと言った園長先生の表情があまりにも深刻だったからです。

同時に、このアイデアが実現すれば撮影者であるカメラマンも喜ぶだろうと思いました。当時は私自身がカメラマンでしたし、カメラマン派遣の仕事を通じてほかのカメラマンの仕事内容も把握していました。そのときに感じていたのが、自分の作品写真を販売するのに手間が掛かるということです。

カメラマンはシャッターを押すことだけが仕事ではなく、収益を得るためには撮影した写真を販売する必要があります。しかし、カメラマンはそもそも撮影をしたくてカメラマンをやっているので、写真の構図や光の使い方といった撮影方法については知識がありますが、販売については困っている人が少なくありません。販売のために時間を使うよりもう1件撮影に行きたいと考える人が多いと思いますし、私もその一人で、販売のために時間を取られたくないと思っていました。

こうした販売に対する経験が、実際にプラットフォームをつくっていくときに役に立ちました。カメラマンとしてリアルに苦痛だと思っていたことを踏まえて、こういう仕組みならカメラマンにとってラクだろう、アップロードするだけなら負担にならないだろうなどと考えながら、サービスのユーザーの視点でシステムをつくっていくことができたのです。

写真販売のプラットフォームがあれば、写真をアップロードするだけで、そこから先の作業からは解放されます。写真を買いたい人から注文を受けたり、代金をやり取りしたりしなくても、売れた分だけ売上が入ってきます。その作業をしている時間で、別の撮影を引き受けたり、撮り方の勉強をしたりすることができます。

販売に関する手間と時間を省けるなら、便利だと感じられますし、自分でも使いたいと思いました。カメラマンという当事者の立場でプラットフォームサービスの良さが理解できたことで、私は壁貼り展示のデジタル化はうまくいくと信じることができたのです。

一番乗りになれるサービスが理想

課題を見つけたら、次のステップでは課題を解決することが果たして事業になるかどうかを検証します。検証は、現場でもできますしインターネットで調べることもできます。起業のアイデアを考える人のなかには先にインターネットで調べる人がいます。インターネットで課題を探し、その裏付けとして現場で声を聞くというやり方です。私はその順番を逆にして、先に現場で課題を見つけ、そのあとで検証するのがよいと思います。

世の中には課題がたくさんあります。あらゆる困り事があり、さまざまな願望があります。簡単に解決できる課題なら、すでに誰かが事業化しているはずですから、後追いしても事業として成立する可能性は小さくなります。

逆に、解決が難しそうであればチャンスです。解決が難しいことほど競合が少なくなり、難しさは参入障壁になるため、事業化したあとも、難しければ難しいほど後追いの競合が増えにくく、事業が安定しやすくなります。

さらに良いのは、世の中が課題と認識していない潜在的な課題です。簡単にいえば、そういうもの、仕方がないと思われていることです。

壁貼り展示はその一例です。園の先生たちは、写真は壁に貼り出して売るものだと考えていました。その手間が大変だと感じつつも、そういうものなので仕方がないと思っていました。

潜在的な課題はインターネットで調べても出てきません。世の中の人が課題と思っていないため、つまり変えられないものだと諦めているため情報がないのです。その点でも検証より先に現場に行くことが大事です。

潜在的な課題をいち早く見つけることで、一番乗りで事業化できる可能性があります。何事においても1番は注目されますし、過去にない事業を生み出すうえで、1番と2番には大きな違いがあります。富士山は知っていても2番目に高い北岳を知っている人が少ないように、認知度を高めるという点で1番になることは大事です。そのサービスの先駆者として先行者利益を得ることもできます。

潜在的な課題は伸び代が大きい

現場の声と実感が把握できれば、潜在的な課題も見つけやすくなります。例えば、飲食店に行った際には店員を呼んで注文をするというやり取りが発生します。以前は誰もがそれが当たり前だと思っていましたが、コロナ禍になり、タッチパネル式の注文に変わりました。

これは潜在的な課題が表面化した一例です。従来の注文方法は、客側としては、店員を呼ばなければならず、呼んでも気づいてもらえないことがあり、注文と違ったものが運ばれてくることもありました。店側としても、店員が注文を聞きに回らなければならず、注文を聞き間違えたり聞き逃したりすることでクレームが発生していました。課題発見の能力が高い人なら、コロナ禍に関係なくそのような潜在的な課題に気づき、タッチパネルを考案した可能性もあります。そこに課題があったと世の中が気づいたことで、タッチパネルは全国で急速に普及しましたし、事業づくりの観点から見ると、世の中の課題解決につながる大きな発見になったといえます。

　テクノロジーを活用する例としては、スーパーマーケットで導入が進んでいるセルフレジなどが挙げられます。

　この事例が優れているのは、セルフレジの技術や機械ができたことよりも、レジに関する潜在的な課題に気づいたことです。従来は、レジに人が立って商品をスキャンするのが当たり前でした。会計はそういうものという考えがあり、レジ係の人件費が掛かる、レジ待ちの時間が掛かるといった課題は仕方がないこととして潜在化していました。そこに目を向け、疑問を感じた人がいたからこそ、セルフレジは店にも顧客にも喜ばれ、広く普及することになったのです。

さらに潜在的な課題についてもう一つ例を挙げると、交通機関が少なかったり高齢者が多く住んでいたりする地方には移動スーパーがあります。食料品や日用品などを車に積んで、移動弱者が多いエリアで販売するサービスです。

これは買い物弱者や買い物難民と呼ばれる人たちが抱える課題に気づき、解決した例です。移動スーパーが生まれる以前の世の中では、買い物は自分で店に行くのが当たり前だと思われていました。インターネットで買う人もいますが、パソコンに慣れていない高齢者などは放置されていましたし、生鮮品などネットで買えないものもありました。そのような課題が課題として表面化することなく、そういうものととらえられ、当事者である地方の高齢者も仕方がないと諦めていたわけです。

生活者としての実感があれば、日々の買い物が不便だ、ネットでは生鮮品が買えないといったことに気づき、いち早く移動スーパーを事業化することもできます。そういうものと思えば課題を見過ごしますし、仕方がないと考えると解決策が浮かびません。言い換えると、そういうもの、仕方がないと思っていることのなかに一番乗りで事業化できる課題があるかもしれないということです。

課題解決というと世の中を大きく変えるような難しい取り組みに感じるかもしれま

せんが、消費者や生活者の視点で見れば認識されていない課題は多く、ビジネスチャンスも多いと思います。

課題を見つける力が価値になる

課題の発見と解決が仕事であるという点に関連して、私は、新卒の社員や会社説明会に来る就職活動生に、学校と会社の違いについて話をしています。学校はお金を払って学びに行くインプットの場所、仕事はお金をもらうために価値を提供するアウトプットの場所です。

これは大きな違いです。教育というサービスを受ける立場から、何かしらのサービスを提供する側に180度変わります。学生から社会人になるということは、この大きな変化を経験するということですので、意識も180度変えなければなりません。学生気分が抜けない人は、この変化に適応しきれていない状態で、それでは社会人としての自分の価値は生み出せないという話です。

社会人として何年か過ごしている人にとっては、当たり前の話に聞こえると思います。また、新卒と起業家は世の中における立ち位置も、社会人としての経験値も違うと考える人もいます。

しかし、両者には共通しているところがあります。それは新卒の場合は自分自身の価値を高めることによってのみ会社に認められ、起業する場合は新たにつくる会社の価値を高めることによってのみ世の中に認められ、いずれもそれが収入に反映されるという点です。

価値の提供という視点で見ると、新卒はまだ価値を提供する能力が低いわけですから、先輩社員と比べて給料が安いのは当然といえます。また、給料を増やしたいのであれば、知識を増やす、スキルを磨く、人脈を広げる、新たな価値を考え出すといったことを通じて、自分が提供する価値を高めていく必要があります。

そのためにやらなければならないことは、潜在的な課題を見つけ、解決する方法を考え、実行することです。新人は、会社と自分という関係性のなかで、日々の仕事のやり方の改善策や、商品やサービスを改善するために何をすればよいかを考え、創意工夫を重ねます。これは潜在的な課題を見つけ、解決することと同じです。起業もそれに似ていて、社会における潜在的な課題を見つけ、その解決策を提供していく必要があります。

会社において、上司、先輩、顧客に言われたことだけをやっている新人はおそらく評価されません。個人として成長しないだけでなく、人材としての市場価値も高まりません。

ＡＩやロボットが普及していけば、簡単なことしかできない人は不要になります。経営者にとっては、人件費が掛かり、給料や待遇について文句を言うかもしれず、肝心なときに体調不良で休むかもしれない人を雇うより、文句一つ言わずに着々とミスなく仕事をしてくれるロボットのほうが使い勝手が良いと考えます。

起業も同じだと思います。「あれやって」「これやって」といった顧客のリクエストに応えるだけの会社には今ひとつ価値を感じません。顧客が気づいていない課題を見つけ、その解決策を提供し、こんなことまでやってくれたと思ってもらえるようになって初めて、会社の価値が生まれると思いますし、そういうアウトプットを生み出すことが起業だと思うのです。

もう少し掘り下げると、新人が先輩に「何をすればいいですか」と聞くのと、顧客に「仕事ありませんか」と営業するのは、どちらも思考停止の状態でインプットを期待している行動であるという点で同じです。それでは潜在的な課題は見つけられません。価値を提供するためには、正解が分からないなかで「こういう方法があるかもしれない」「あんな方法ができるかもしれない」といった仮説を立てて、自分なりの最適解を提案する必要があります。そこを考えるのが仕事であり、そこが仕事の楽しいところだとも思います。提案した内容が世の中の役に立つかどうかはまた別の話で、起業して成功するためには、そのような姿勢で世の中の課題に目を向けることが大事だと思うのです。

マイナスの解消か、プラスの創出か

現場と実感を踏まえて世の中を見渡すと、ビジネスアイデアになる課題や、その種である潜在的な課題は意外と多く見つかるものです。世の中の困り事は「困った」「面倒くさい」「大変」「やりたくない」といった言葉に表れますし、「こうしたい」「こんなことはできないか」といった願望に耳を傾ければ、それらを満たすことを事業にすることもできるのです。

そのようにして見えてきた課題は、困り事なのか、それとも願望なのかで分けて考えることができます。困り事も願望もどちらも課題ですが、解決策を考えるためのアプローチとしては、困り事の解決はマイナスの状態を解消してプラスマイナスゼロに戻すことで、願望を叶えることはプラスマイナスゼロの状態からプラスにすることと、分けることができるはずです。

例えば、庭の草刈りは雑草がない状態に戻すことですので、マイナスを解消する仕事といえます。一方、草が生えていない庭にきれいな花などを植えるガーデニングはプラスにする仕事です。

マイナスを解消する困り事解決の典型例は医療サービスです。お腹が痛い人は、その状態を普通の状態に戻してもらうために病院に行きます。家や車やパソコンの修理などもこのタイプです。

プラスを創出する願望を叶える例としては、エンターテインメントが分かりやすいです。日常生活に不満や不安がなくても人はもっと楽しく、もっと快適にと考えるものです。ゲームや音楽や映画などがなくても生きていけますが、それらがあることで人生は華やかになります。そういうサービスを提供するのがプラスにする課題解決です。

コンビニエンスストアや料理のデリバリーサービスなども基本的にはこのタイプに含まれます。便利さやラクさを提供するのがこれらのサービスの特徴で、スーパーよりもコンビニのほうが近くて便利という価値がプラスを創出する要素の一つです。

時と場合によって、またサービスを受ける人の環境や事情によってマイナスを解消する課題解決が、プラスにする課題解決になったりすることがあるので、きれいに二分することはできません。

飲食業を例にすると、お腹が減っている人に食事を提供するサービスは、お腹が減って困っている状態から解放するものですからマイナスを解消する課題解決ですし、おいしいものを食べたい、雰囲気の良いお店で食べたいといった人を対象とする高級レストランなどはプラスにする課題解決です。

マイナスの解消は継続性が高い

マイナスの解消もプラスにすることも、どちらも相手に喜ばれますし、感謝されます。ただ、事業の継続性や安定性という点から見ると、プラスにするサービスよりもマイナスを解消するサービスのほうに優位性があります。

不況になると高級レストランに行く人は減ります。ゲーム機を買うのを後回しにしたり、映画を見るのをやめたりする人もなかには出てきます。しかし、人は食べなければ死んでしまいますから、お腹が減って困るという状態は景気のような外部環境に関係なく、常に発生します。景気が悪いから病院に行くのをやめようと考える人はいないはずですし、不景気のせいで病院が潰れたという話も聞きません。つまり、マイナスの解消かプラスにするのかという視点で比べると、困り事を解決するマイナスの解消のほうが需要が安定しやすく、事業としても継続しやすいといえます。

写真販売のプラットフォームサービスも、園の先生の困り事を解決するマイナス解消の事業です。この事業が立ち上げ以来安定的に伸びているのも、マイナスの解消の事業のほうが継続しやすい事業であることを示していると思います。

自分のワクワク感を確認

自分が見つけた課題や潜在的な課題を、マイナスの解消とプラスの創出に分けてみたら、起業家としてどちらを解決するほうがワクワクするか自問してみることも大事です。

私はもともと災害派遣で役に立ちたいと思って自衛隊に入りましたし、困っている人を助けることによって感謝される仕事をしようと思い続けていたので、マイナスを解消するほうがワクワクするタイプです。

自衛隊ではボランティアで写真を撮って隊員に配り、そのサプライズに対して喜んでもらい、自衛隊を辞めてカメラマンとなってからは、園で良い写真を撮り喜んでもらうなど、プラスにすることで感謝される経験もしました。両方のタイプの感謝を経験したうえで、あらためてそのうれしさを比べたところ、自分はマイナスを解消する仕事をするほうがよりやりがいを感じると自覚しました。プラスにする仕事に意義がないということではなく、そのタイプの仕事にワクワクする人もいると思いますが、重要なのは自分がどう感じるかをきちんと整理することだと思います。その視点で考えると、私は壁貼り展示で苦労している園の先生たちを助ける事業がマイナスを解消することであり、自分はきっとやりがいを感じながら取り組めるだろうと思ったのです。

本気になれなければ成長しない

自分のワクワク感を確認するためには、目の前にある課題を解決したときのことをイメージしてみるとよいと思います。そのサービスを使うことで世の中がどう変わるか、顧客にとってどんな変化が起きるかをイメージするのです。

私の場合は、壁貼り展示の作業がなくなってオンラインで簡単に写真販売ができるようになったとき、その便利さを感じた先生たちに感謝される自分をイメージしました。

この時点ではまだ具体的なサービス内容が見えていませんので、イメージというよりは妄想に近いかもしれませんが、重要なのはその妄想が現実になったときに自分がワクワクできるかどうかだと思います。感謝の言葉をもらったときのイメージにワクワクできないなら、その課題解決はやめておいたほうがいいと思います。

私自身を振り返ってみると、カメラマン派遣をしていたときはその仕事にワクワクできていませんでした。

カメラマン派遣が軌道に乗り、カメラマンや撮影先と良好な関係を築くことができたら、全国展開もできて今よりもたくさんの人の役に立つことができます。しかし、そうなった場合には北海道や九州のカメラマンも手配しなければなりません。当時はコロナ禍以前でリモート環境が整っていなかったため、効率良く面接する手段がありませんでした。「手配に手間が掛かるだろうな」「子どもがたくさんいる園にミスマッチなカメラマンを派遣したらどうしよう」など、ワクワクどころか不安な気持ちが膨らみました。

そのような気持ちのときは事業を成長させていくためのアイデアも浮かびませんし、むしろ成長できない原因や効率の悪さなど欠点が見えてしまいます。障壁が見えたなら乗り越える方法を考えればよいのですが、その方法も思い浮かばず、乗り越えたいという意欲も湧かず、乗り越えることが面倒だなとすら感じてしまったのです。

面倒くさいと感じることに対して、人は本気になれません。それは自分が一生を懸けて解決したい課題とはいえず、その道で起業してもおそらくうまくいかないのです。

イメージを詳細にして脳を整理

起業について私に相談に来る人たちに、将来のイメージを聞いてみると、答えに詰まる人がいます。「未来はよく分かりません」「やってみてからでないと分かりません」と言う人もいます。

イメージが思い描けない理由は、おそらく顧客のメリットについて深く考えていないからです。または、「どんな課題が解決できるのか」「何のために起業するのか」といった点が不明瞭で、自分が儲かるイメージは浮かぶものの、なぜ儲かるのかが明確になっていないからだと思います。

これは起業がうまくいかない原因になります。イメージがあいまいな状態は、やりたいことや、できることなどがそれぞれパズルのピースとして存在し、一つの絵になっていない状態です。その状態では顧客が幸せになる様子が見えず、ワクワク感も湧きません。自分が生み出そうとしているサービスに自信がもてませんし、起業した先に何があるか分からなければ、思い切ってアクセルを踏むこともできません。あるいは、事業を成立させるために不必要なことに時間と労力を使ってしまうこともあります。

その状態から抜け出すために、イメージが湧かない、明確になっていない人には、まずイメージの粒度を高めることから始めましょうとアドバイスしています。その方法として、例えば、現時点で自分が考えている起業の目的や思いなどについて、周りの人に話してみることがあります。または、解決したい課題などについて書き出してみるのもよいと思います。

話したり書き出したりするためにはイメージを言語化する必要があります。誰に、何を、どんなふうに、どうやってなどを考え、一つひとつ言葉にしていくことで、頭のなかが整理され、頭のなかにある感覚的なイメージ、雰囲気、感情などが明確になり、イメージを具体化することができます。

そのイメージが固まれば、実際にサービスをつくったあとも顧客に説明しやすくなります。起業して成功している人は必ず明確なイメージをもっています。どんな課題を、なぜ、何のために解決したいかが自分で理解できているからこそ、そこに向かうための努力や工夫ができます。また、起業した先にあるゴールが明確になるため、無駄な時間や労力を使うことなく、最短の道のりで成功にたどり着くことができるのです。

目的と目標を区別する

イメージが鮮明になるとワクワク感も増します。顧客や自分がうれしく感じている様子がよりリアルに思い浮かび、早くその状態にたどり着きたいと思うからです。課題解決に向けて思い切りアクセルを踏めるようにもなるはずです。

また、起業の過程では障壁にぶつかることもあります。それを乗り越えるために勉強を続け、ビジネスアイデアを磨き続ける必要がありますが、そのためのエネルギーもイメージが鮮明でワクワク感が大きい人ほど湧き上がってきます。

その点でもう一つ重要なのは、目的と目標を区別することです。

目的と目標は似た言葉ですが、例えば、ダイエットするときに「10キロ痩せる」と考えるのは目標に目を向けている状態です。努力の成果を測るものとして数値目標をもつことは大事ですが、それだけでは長続きせず、つらい、食べたいという気持ちに負けて、おそらく三日坊主になると思います。

一方、スリムになってかっこいい、きれいと言われたい、着たい服を着られるようになりたい、デート相手を見つけて人生を楽しくしたいといった明確な目的がある人は、多少のつらいことがあってもダイエットを継続できます。ダイエットに成功したときのイメージにワクワクできるため、それが努力を続けるエネルギーになるのです。ダイエットの成功確率が最も高くなるのは、「ダイエットしないと命に関わる」と言われたときではないかと思います。その状態になれば、まさに死ぬ気でダイエットするのでほぼ間違いなく成功します。死にたくない、長生きしたいという強い目的と、長生きしてあれがしたい、これもしたいと思う気持ちが原動力となるのです。

事業化の過程でも、例えば、月ごとの売上、ユーザー数、顧客満足度などの目標を決めがちです。経営指標としてはそれらも大事ですが、なぜ事業にするのか、事業化して何を実現したいのかという目的のほうが大事です。また、目的を意識するほど、その目的を達成できたときのイメージも鮮明になり、さらに原動力が高まっていくのです。

社長の本気は顧客にも従業員にも伝わる

起業家が感じるワクワク感は、顧客や取引先や従業員など、接する人たちにも伝わります。本人がワクワクできないサービスはおそらく顧客にも受け入れられません。シェフ自身がイマイチだなと思っている料理は、客もおいしいとは言わないのです。言い換えれば、起業してサービスをつくり出すなら、自分自身がそのサービスの最初で最高のファンであることが大事ということです。

ここに起業で失敗する落とし穴があるように感じます。例えば、世の中にはお金を稼ぐため、自己実現のため、自己満足のために起業を考える人がいます。そして、そのタイプの起業家は、たまにはうまくいく人もいますが、ほとんど失敗します。その理由は、サービスを提供する人の利己的な面が顧客に見えるからです。

仕事が課題解決、つまり相手の役に立つことによって成立する利他的な活動であることを前提とすれば、自分が稼いだり満足したりするための仕事はその対極である利己的な姿勢です。

利己的な起業家や経営者は、自分が本心で良いと思っていないサービスでも出来栄えに納得していない商品でも、お金になるならよいだろうといった理由で売ります。こうした姿勢は顧客にも伝わるものです。

これは組織内でも同じことがいえます。社長が納得していない商品を、いくら従業員に売ってこいと言ったところで従業員は本気にならないですし、社長が自信をもっているサービスでも従業員がその価値を理解していなければ、やはり本腰を入れて売ろうとは思いません。社長の熱量は従業員に伝わり、従業員の熱量は顧客に伝わるものなのです。

会社のあり方、考え方、目指す姿を示す経営理念やビジョンも同じです。私は課題解決が仕事だと思っていますし、売上などは誰かの役に立った対価だと思っていいます。その活動を「ありがとうをもらう」という言葉で表現し、そこに仕事や事業や会社の価値があると思っています。

私自身が本気でそう思っているから、従業員もその考えに共感し、ありがとうをもらおうと試行錯誤します。誰よりも真剣にありがとうをもらおうと思っているから、その考えが社内に浸透し、共通言語になります。プラットフォームサービスを全国展開しよう、その先の展開として世界に広げていこうと私が本気で思っているから、彼らも本気になり、そのために努力してくれるわけです。

行動しなければ何も始まらない

起業したいと考えている人のなかには、起業したいという思いがある一方で、具体的な行動ができていない人がいます。これも目的意識が弱いからだと思います。

例えば「今日から毎日腕立て伏せを100回やりましょう」と言われたら、私のような筋トレ好きな人を除いて、ほとんどの人が嫌だと思います。なぜなら、腕立て伏せ100回は目標であり、何のためにやるのか、100回続けてどうなりたいのか、といった目的が分からないからです。だから、具体的な行動につながらないのです。

起業しようと思っていることと、起業するために行動していることとは、似ていてつながっていますが、別のことです。思っているだけでは永遠に起業には至りません。誰かの課題も解決できません。

アイデアを考えたり練ったりすることは大事ですが、それよりも重要なのは考えたことを実行することです。その境界線を越えていくためにも目的が大事ですし、このサービスでこんなことができる、感謝されるといったイメージが湧くことで、行動を伴う一歩を踏み出すことができるようになるのです。

また、起業はスピードが大事です。起業のアイデアを練っている人のなかには、「考え中です」「リサーチ中です」と言ってずっと考えている人がいますが、静かな部屋の中でずっと考えていても何も始まりません。世の中で通用するようなアイデアも出ません。

考えている状態が半年、1年と続くことで、せっかく潜在的な課題を見つけられたとしても、誰かに先を越され、一番乗りのチャンスを逃してしまうこともあります。その点でも、思うことと行動することは別だと認識しておくことは大事ですし、目的が明確でイメージも鮮明なら、思い切りアクセルを踏むことが大事なのです。

行動するメリットとして、振り返りができるようになることも重要です。新しい事業は分からないことだらけです。手探りで正解を探し、このままではイメージどおりの未来にはつながらないと感じたときには、別の方法を模索したり微調整したりしていく必要があります。

私も、決して一直線でプラットフォームサービスにたどり着いたわけではありません。細かな変更を短期間で繰り返しながら、このほうが園の先生にとって便利そうだ、こういうサービスにしたほうが役に立てるだろうと考え、紆余曲折を繰り返した結果として現在のサービスができました。

その際もイメージは大事です。こうしたほうがワクワクできる、こういうサービスになったらもっとワクワクできるといった感覚を常にもち、イメージと行動を照らし合わせることによって理想的なサービスに近づくことができるのです。

行動によって人脈が広がる

行動は人脈づくりにもつながります。起業のアイデアは頭のなかでつくり、イメージすることができます。しかし、そのイメージを実行、実現するためには自分の知識や技術だけでは足りないこともあります。私の場合、壁貼り展示のデジタル化を構想しましたが、私自身がＩＴに詳しいわけではなく、写真をアップロードする場をつくったり、注文や決済を処理するシステムをつくったりすることはできません。この障壁を乗り越えるには周りの人の力を借りる必要があり、そのような力をもつ人たちと出会える可能性は行動することで大きくなっていくのです。

例えば、「起業を考えている」「こんなアイデアで事業をつくろうと思っている」といったことを周りに話すと、自分が思い描くイメージが整理できるとともに、協力者も現れやすくなります。ＩＴに詳しい人を紹介してくれたり、似た分野で起業した人、ＩＴ企業で働いている人などとのつながりをつくってくれたりするのです。

私もプラットフォームサービスを構想したときに周りの人たちに話をしました。そのなかに当時ウェブデザインの会社に勤めていた高校のときの友人がいて、たまたま彼が所属する会社の同僚であるエンジニアが独立して会社をつくろうと考えているところでした。その縁がきっかけとなってプラットフォーム制作の仕事を依頼することになったのです。

友人に写真販売のプラットフォームサービスの話をしていなかったら、サービス立ち上げにはもっと時間が掛かっていたと思います。タイミングという点では、そのエンジニアが独立を考えているときに話ができたのは運ですが、運も実力のうちという言葉があります。話をする、話を聞くという行動がなければ運にも恵まれなかったはずですし、その点でも行動は大事だと思うのです。

人脈の質が大事

人脈を広げることは、事業のイメージを明確化したり、事業化に向けたヒントを得たりすることにつながります。ただし、闇雲に知り合いを増やせばよいわけではありません。人脈は量もそれなりに大事ですが、それよりも質、つまりどういう人と付き合っているかが大事なのです。

起業の話を聞いてもらうにしても、相手がその分野の話に興味がなければ流されて終わってしまいます。世の中には起業することをリスクととらえる人もいますし、あらゆることにネガティブで、否定的な人もいます。そういう人はきっと、できない理由を列挙すると思います。

人は周りの人の意見や付き合っている人たちの考えに流されるため、そのようなタイプの人と付き合っていると、自分もできない理由を考えるようになります。それはもったいないことですし、本気で起業したいのであれば、付き合う人を選び、変えるほうがよいと思います。

起業経験がある人と話をすれば、経験を踏まえたアドバイスがもらえます。起業は、アイデアの磨き方から会社のつくり方に至るまで分からないことだらけですが、起業の経験者は乗り越え方を知っているはずですし、自分にとっては大きな障壁に思えることが先輩経営者から見ればたいしたことではなく、簡単に乗り越える方法を教えてもらえることもあります。

プラットフォームサービスが軌道に乗ってからは、起業を目指している人から相談を受ける機会が増えました。相談内容のなかには私がかつて経験した課題などもあり、こうすれば解決できる、こういう仕組みをつくったほうがいいなどとアドバイスすることもあります。

また、私を含め、起業を目指す人からの相談を快く聞いてくれる経営者は多く、応援したいと思っている人もたくさんいるものです。特に今のようにＳＮＳでいろいろな人とコミュニケーションが取れる環境においては、自らメッセージを送るなどして積極的にコネクションをつくる人が前に進むだろうと思います。私もそういった連絡には時間を取って話を聞くようにしています。

起業を目指す人は、起業を目指す人同士で集まる傾向があります。起業したばかりの人も、やはり起業したばかりの人と集まる傾向があります。

似た境遇の人たちとの付き合いは、目の前の障壁や悩みを共有し、共感し合えるという点では良いつながりだと思います。ただ、自分も相手も同じ境遇にいるわけですから、自分が分からない解決策は、おそらく相手も分かりません。「大変だね」「難しいね」と言い合って終わってしまいます。それはもったいないと思うのです。

私自身、起業する前も起業してからも、経営者の集まりや人脈のつながりを通じて多くの経営者から話を聞いています。彼らから聞く話や意見は事業を成長させていくうえで役立つことが多いと実感しますし、それが分かっているから、なおさら人脈を広げていくための行動が大事だと感じます。

目的とイメージで行き当たりばったりを防ぐ

行動することについて一つ注意したいのは、行き当たりばったりの行動では無駄になるということです。考えることだけにむやみに時間を使ってはいけませんが、イメージがない状態でむやみに行動してもいけないのです。

イメージなく行動する人にありがちなのが、とりあえずやってみるだけで、その後の振り返りがないことです。イメージに近づけるためには常にイメージと照らし合わせる必要があるのですが、行き当たりばったりの人はそのイメージがないため、行動したことに満足してしまいます。その状態に陥らないためにも、目的とイメージが大事です。

私の例でいえば、この行動は「ありがとうをもらうことにつながるか」が判断基準でした。プラットフォームサービスは、壁貼り展示が大変という課題を見つけてからサービスとして立ち上げるまでの期間が短かったため、適当に行動してうまくいったのではないか、行動第一だったのではないかと思われることがたまにあります。しかし、それは違います。先にイメージがあり、そのイメージを実現するためにすばやく行動を積み重ねたのが実態です。

また、スピードが出せたのは、ありがとうをもらうという目的がシンプルで、ありがとうをもらう様子も明確にイメージできていたため、一つひとつの行動を照らし合わせやすかったことも影響していると思います。ありがとうをもらうといったシンプルな目的に絞り込むことで、事業化の途中の判断が早くなり、事業化するために不要な行動も避けやすくなったのです。

感謝されることも報酬

マイナスの解消もゼロをプラスにすることも、いずれも課題解決を目指す利他的な行動という点で考えると、その目的は誰かの役に立つことに集約されますし、起業する目的も誰かに感謝される事業をつくることに集約されるだろうと思います。

私が起業するときに掲げた「ありがとうをもらう」はまさに仕事のあり方を示すものです。シンプルな目的ですが、目的がシンプルであるほど事業はうまくいきやすく、会社もまとまりやすいと思います。

社内では、新入社員教育のときなどに、困り事を解決し「ありがとうをもらう」ことを目指している会社だと伝えています。会議などにおいても、サービスを改善したり新たな企画を考えたりする際の判断基準としては「困り事解決なのか？」という言葉が共通言語です。

新入社員には「おばあさんと１００円」の話をしています。荷物を抱えたおばあさんが階段の下で困っているのを見掛けたときに、「１００円で手伝います」と言って手伝うのではなく、まずは階段の上まで荷物を持ってあげて、「ありがとう、お礼です」と１００円もらうようにしよう、という話です。

このエピソードで伝えたいのは、せっかく仕事をするならありがとうをもらえる仕事をしようということです。先に荷物を持ってあげれば、ありがとうをもらいやすくなり、手伝った側として役に立ったと実感しやすくなると思います。同じことをして、同じ１００円を受け取るなら、ありがとうがもらえるほうがよいはずです。

また、仕事をする報酬についても考えてほしいと思っています。「１００円で手伝う」場合の報酬は１００円です。報酬がもらえそうにない相手なら手伝わないと考える人もいるかもしれず、それでは課題解決できません。大切なのは、ＴＡＫＥではなく先にＧＩＶＥを考えて行動することなのです。

このように話すと、仕事はボランティアではない、感謝の言葉だけでは食べていけない、金銭的な報酬がなければ事業も会社も成り立たないという人もいます。それは、そのとおりだと思います。ただ、感謝され、さらに金銭的報酬も得る仕組みを考えることが起業家や経営者の役目であるとも思います。

また、感謝される大切さは、新入社員にすんなり理解されます。これは世代によるものだけでなく、彼らが暮らしている環境にも影響されていると思います。

一般論として、若い人は合理的で効率的です。コスパという言葉をよく耳にしますが、彼らは時間あたりのパフォーマンスを表すタイムパフォーマンス（タイパ）も重視する傾向が強いともいわれます。

1日のうちの8時間を費やす仕事に関しても、無駄なことはしたくないと考えますし、それだけの労力と時間を使う意義は何だろうと考えます。昇給昇進のために長時間労働を我慢するよりも、誰かの役に立つ仕事をしたいと思いますし、そういう利他的な働き方ができない会社だと悟ったときには転職を考えます。そのような背景があるため、人の役に立つというシンプルな目的がすんなり理解できるのだと思います。

事業化の可能性を検証

自分が発見した課題の解決が事業になるかどうかを検証する際には、目の前にある課題が普遍的な課題かどうかを見ることも大事です。例えば、レジはあらゆる業種で使いますし、世界中の店舗で使われています。レジ係の人件費が掛かる、レジ待ちの時間が掛かるといった課題は普遍的といえますし、その解決策を考えることができれば、広範囲で普及する可能性が見込めます。

一方、移動スーパーは買い物弱者が多い地方に求められているサービスですので、レジと比べれば事業が広がる範囲は狭くなります。そのような比較をしていくことで、事業化したあとの広がりもイメージしやすくなります。

写真販売のプラットフォームサービスも、保育園や幼稚園における壁貼り展示の負担が大きいという課題が普遍的な課題なのかどうか調べました。まずは、最初のヒントをくれた園長先生にほかの保育園も同じ状況なのか聞きました。園長先生によれば、どこも大変だと感じているといいます。保育園や幼稚園は全国にありますし、そのほとんどで写真販売をしています。そのような実態を踏まえて、壁貼り展示の課題を解決できれば事業として大きくしていけると思ったのです。

すでに事業化している企業があるかどうかも調べました。先行している企業がある場合、先駆者として認知されたり、市場シェアを先に取れたりするといった先行者利益は狙いづらくなります。

ただし、先行企業があったとしても、事業を展開したい地域や業界などが違えば、後追いでも事業化できる可能性はあります。移動スーパーを例にすると、日本には過疎化が進む地域がいくつもあります。すべての町に移動スーパーが普及しているわけでもありませんので、買い物弱者が放置されている町を見つければその町では重宝されますし、アイデアとしては二番煎じですが、その町の一番乗りになることもできます。地域、業界、顧客層といった範囲を絞ってみれば一番乗りのチャンスはまだ多く残っているとも思います。

先行する企業がいる場合は、自分のビジネスアイデアがうまくいくかどうかを予測するための参考事例にもなります。うまくいっているようであれば、どんな仕組みで事業化しているのか研究し、学ぶことができます。うまくいっていないようであれば、どこに問題があるかを知るヒントになります。サービス提供側の原因として、価格が高い、営業力が弱いといった欠点が見つかるかもしれず、その点を解決できれば後発でも勝てる可能性が高まります。

異業種を見てヒントを探す

写真販売のプラットフォームサービスは、幸いなことに、当時私が調べた範囲では先行する企業がありませんでした。これはチャンスです。同時に起業の難所の一つでもあります。

チャンスという点では、一番乗りになれます。そのためには壁貼り展示のデジタル化を急がなければなりません。難所である理由は、急がなければならないという点と合わせて、先行している企業がない、つまり参考にできる例が少ないため、ゼロから構想をつくらなければならないからです。

構想をつくっていくためには仮説を立てることが重要です。仮説は課題の発見と並んで事業づくりで重要なポイントで、例えば、壁貼り展示の負担はデジタル化で解決できると考えたら、どんな技術が必要か、その技術はどこからもってくるか、料金はどうするか、顧客獲得のために何をすればよいかといったことを具体的に考えます。

すでに同じようなサービスで先行している企業がある場合は、基本的にはそのビジネスの内容、やり方などをコピーすれば仮説はできます。ただし、外側から見える部分には限界があります。簡単な方法でうまくいっているように見えて、実は裏では材料の調達にひと工夫あったり、顧客管理や営業の方法に独自性があったりすると思います。

同じようなサービスが世の中にない場合でも、顧客層が似ている、商品のニーズや使い方が似ているといった視点で参考になる企業はもちろんあるはずです。まったく新しいビジネスをつくり出すのであれば、異業種で支持されているビジネスに目を向けて、そこから事業化に向けたヒントを得ることが大事だと思います。

第3章

起業家にはアイデアを形にする創造力が必要
徹底したユーザー視点で
ビジネスモデルを組み立てる

ビジネスモデルはゴールから考える

課題は起業の種であり、課題解決に向けた仮説によって芽を出します。しかし、それだけでは花は咲きませんし実もなりません。

事業として成立させるためには継続性、安定性があるビジネスモデルをつくる必要があります。また、事業化する目的を果たせるように細部にこだわった事業計画も必要です。

ビジネスモデルを考える際には、あらかじめ事業化のゴールをどこにおくか決めることが重要です。事業の規模の点で見ると、地域で一番になるのであれば全国展開する方法を考える必要はありません。世界展開するのであれば地域の一番はその通過点です。

大きいほうがいい、小さいほうがいいという話ではありません。埼玉で一番を目指すなら埼玉のユーザーについて深く知る必要がありますし、より大きな規模で一番を目指すなら、東京、大阪、名古屋、アメリカ、中国といった地域にも目を向けて、地元以外のユーザーに評価されるにはどうすればいいかを考える必要があります。つまりゴール設定によってサービスなどをアウトプットする対象や範囲が異なり、ビジネスモデルそのものが変わるのです。

最初は地域の一番を目指しながら、事業が発展していくなかでより広い範囲を目指すケースもあります。また、最初から大きな規模でのビジネスを構想する場合、多くの人材が必要になり、地元以外の市場についてリサーチするための費用も掛かります。そのリスクを抑えるために、最初は控えめにゴール設定しつつ、事業の成長率などを見ながら事業拡大のチャンスをうかがうという戦略もあります。

しかし、その方法にはデメリットがあり、私はもったいないと思います。最初のゴール設定を地域の一番とした場合、地域の一番になった時点である程度の満足感が生まれます。そのせいで、事業規模を小さくしてしまい、より多くの人の役に立てる機会を自ら放棄してしまっては意味がありません。起業家目線で見れば、より大きな満足感や達成感を得る機会を逃してしまうこともあると思うのです。つまり地域の一番、業界の一番といった制限を自ら設けることによって世界を狙える可能性を放棄することになるのです。

ゴールが違えば手段も変わる

ゴール設定によって事業を拡大していくための方法も変わります。どの規模でビジネスをするか決めることは、どういう手段でビジネスを成長させていくかを決めることでもあるということです。

例えば、コップに水を張るのと、25メートルのプールに水を張るのとでは、規模が違いますし、最も有効な水の貯め方も変わります。

コップなら水道の蛇口をひねればすぐに満杯です。しかし、同じ蛇口でプールをいっぱいにするには何日も掛かります。効率良くプールを満杯にするには、例えば、消火栓のような出力の大きな蛇口を持ってくる、タンクローリーで水を運んでくるといったまったく別の方法を考える必要があります。

最初はコップ、調子が良ければプールを満たそうと方針転換する場合、序盤は水道の蛇口で水を入れているわけですから、非効率ですし時間が無駄になります。最初から消火栓で注水していればその無駄が省けますし、だからこそ、ビジネスモデルを具体的に考え始める際に、事業化のゴールはどこなのか、どれくらいの規模まで広がる可能性があるかを精査して、規模を決めることが大事だと思うのです。

そのような考えから、私はできるだけ効率良く事業を育てたいと考え、最初から全国を目指し、その先に海外も視野に入れることにしました。

規模を大きく設定した理由としては、私が構想していたプラットフォームサービスが広域に展開しやすい事業だったことも挙げられます。例えば、カメラマン派遣の仕事を全国展開するためには、各地域でカメラマンとカメラマンを派遣する先である依頼者を獲得しなければなりません。撮影の需要（依頼者）と供給（カメラマン）のマッチングは、依頼者獲得のための営業や、カメラマンを確保するための面接などの手間が多く、全国展開は現実的ではありません。

このようなサービスは地域や業界で絞り込み、そのなかで一番を狙うのに適しています。一方、インターネットのおかげで物理的な障壁がないプラットフォームサービスは、インターネット環境さえあれば世界中のどこにいる人でも顧客にできます。地域的な事業拡張の可能性と限界を考えるうえで、どういうサービスをしようとしているかはビジネスモデルを考える際のポイントの一つになるのです。

関係者すべてがうれしいオール・ウィンが理想

ビジネスモデルづくりでは、事業に関わる人が誰も悲しまず、苦しまない仕組みを意識することも大事です。また、近江商人の「三方よし」という言葉にもあるように、売り手も買い手も社会も、さらには取引先や従業員も含めて、関わる人すべてがハッピーになれるビジネスモデルをつくることが、事業と会社の継続性を高め、より多くのありがとうをもらうポイントだと思っています。これを私は「オール・ウィン」のビジネスモデルと呼んでいます。

オール・ウィンになっていないビジネスとして、例えば、何か商品を売る場合、買い手は「買ってあげる」、売り手は「買っていただく」という関係性になっているケースがよくあります。営業の仕事でも、営業は「仕事をいただく」、顧客は「仕事を発注してあげる」といったケースもあります。

売買や受発注の報酬としてお金が発生する以上、お金を出すほうが強い立場になるのはある程度は仕方がないのかもしれませんが、私はできるだけそのような上下関係ができないビジネスモデルが良いと思っています。

買い手が「買ってあげる」ではなく、「買えてよかった」「売ってもらって助かった」と感じられるビジネスモデルが理想で、それには困り事を解決する事業のほうが向いていると思います。困り事を解決する仕事、つまりマイナスの状態をプラスマイナスゼロに戻す仕事であれば、顧客は窮地を救われることによって自然と感謝の気持ちが芽生えやすくなります。サービスそのものに対する対価としてお金が発生し、サービスを提供してもらったことに対しては感謝の気持ちが生まれ、そこでサービスの売り手と買い手の力関係も対等になり、オール・ウィンの関係をつくりやすいと思うのです。

サービス提供側の負担を抑える

オール・ウィンのビジネスモデルをつくるためには、サービスの提供者側である売り手や運営が過剰な負担を背負い込まないようにすることにも注意したほうがよいです。これは私の実体験に基づきます。

プラットフォームサービスを構想する前に私が手掛けたカメラマン派遣の仕事は園に喜ばれ、仕事を依頼するカメラマンにも喜ばれました。しかし、私にはとてつもなく大きな負担でした。ありがとうはもらえますが、そのうれしさをはるかに上回るくらい負担が大きかったのです。

例えば、運動会などの行事があるときには複数の園からカメラマン派遣の依頼を受け、複数のカメラマンを確保します。まずはこの作業が大変です。

園の行事はだいたい同じ時期に行われます。運動会はだいたい春か秋の土曜日または日曜日ですし、ひな祭り、七夕、クリスマスといった行事はどの園も行いますので、カメラマンが不足するのです。「カメラマンが確保できませんでした」では信用を失うため、どうにかして確保しなければなりません。サービスを始めて数年経つ頃には、1年後の行事のためにカメラマンのスケジュールを確保するといったことを当たり前に行っていました。

しかし、それでも不安は消えません。カメラマンはフリーランスの人が多く、1年後にはカメラマンを辞めている可能性があります。別の会社から良い条件の仕事があればそちらを受けることもあります。そのような場合は新たにカメラマンを探さなければなりません。

また、もっと基本的な問題として、確保したカメラマンがきちんと撮影場所に行くという確証がありません。これは精神的に大きな負担です。自分が撮影場所に行くわけではないため、時間どおりに到着しただろうか、きちんと撮影できているだろうか、団体とトラブルを起こしたりしていないだろうかなど、あらゆることが心配になります。

実際、カメラマンが寝坊し、顧客から私に電話が来たこともありました。風邪を引いて行けなくなった人もいましたし、撮影場所に向かう途中でカメラマンが事故に遭い、行けなくなったこともありました。自分のことなら自分で管理できますが、カメラマンの行動をコントロールすることはできません。私がモーニングコールをして起こすわけにもいきません。

そういう場合は私が代わりに行くしかありません。園では行事の写真を撮ってもらうことを楽しみにしているため、その期待を裏切るわけにはいかないのです。

このような心労を抑えるため、カメラマンには前日に確認の電話をし、撮影場所に到着したときと撮影を終了したときには電話をもらう仕組みをつくりました。依頼が多い日は朝から電話が鳴りっぱなしで、ハンズフリーの携帯電話が手放せませんでした。

事業の継続性を重視する

事業の面では、カメラマン派遣は依頼数が順調に増えていましたし、団体やカメラマンからの評判も良かったといえます。当時は契約数が１００件を超え、約50人のカメラマンを派遣するくらいの規模になっていました。

普通に考えれば事業が大きくなるのは望ましく、うれしいことです。しかし、私はそのことにも不安しかありませんでした。

課題を解決して喜んでもらうことは大事です。それが事業の根幹でもあります。しかし、誰かの困り事を私が丸々引き受けて代行するとオール・ウィンにはなりません。大変なことはシステムに任せて、顧客だけでなく私もハッピーにならないと事業は続かないのです。

この経験から、私は顧客やユーザーだけでなく、サービスの提供者の負担も抑えなければならないと学びました。サービス提供者の負担が大きい仕事は長続きしないと悟ったのです。逆にいえば、負担を抑えれば事業の継続性を高めることができます。具体的には、人の管理をできるだけ少なくする、顧客とユーザーとの板挟みにならない仕組みにする、サービス提供側の労働集約型にしない、自己犠牲によるボランティアのような無償労働になりにくいビジネスモデルにするといったことが重要で、その視点でビジネスモデルを模索しながら、プラットフォームサービスに行き着くことになったのです。

負荷が掛からない立ち位置を模索

ビジネスモデルの類型としては、私が考えたプラットフォームサービスはＢtoＢtoＣです。最初のＢは私の会社、２つ目のＢは保育園など写真を販売する施設や企業、Ｃは保護者など写真を購入する人です。

その構造を解説すると、まず従来の壁貼り展示はＢtoＣでした。保育園などの園（Ｂ）が保護者（Ｃ）と直接やり取りをする構造で、園側は貼り出したり販売したりする手間が掛かり、保護者は園に行かないと写真が選べない、ゆっくり写真を選びたいという課題がありました。

私の狙いは、このＢtoＣのやり取りに介入することによって両者の課題を解決することです。壁貼り展示をデジタル化すれば園側の負担が軽減できます。同時に写真の選択や注文がしやすくなり保護者側の課題も解決できます。

重要なのは介入する場所です。ＢtoＣの間、つまり園と保護者の間に入ると、そこで接点が増えます。園のリクエストと保護者のリクエストを両方処理しなければならず、板挟みになります。

同じ轍を踏まないため、私はB to CのBである園と接点をもち、保護者との接点は園とシステムに任せることにしました。私は写真販売の場を提供します。販売する写真は園の先生がアップロードし、保護者の注文はシステムが対応します。

この構造であれば、私は園の対応に集中できます。保護者との接点もゼロではありませんが、注文はシステムに、販売は園に任せられますので、ほとんど負担がありません。カメラマン派遣の苦い経験を踏まえて、顧客もユーザーも、そして私もハッピーになれるビジネスモデルの骨組みができたのです。

ストック型は収益が安定する

ビジネスモデルの骨組みができたら、次は肉付けです。事業化していくためには、収益を得るための収益モデル、サービスの価格設定、運用方法などについて考えます。

収益モデルについては、フロー型とストック型で分けて考えると分かりやすいです。フロー型のビジネスは、単発的、短期的な売上を積み上げることによって収益を確保するものです。一方のストック型は安定的で長期的な売上を積み重ねていくものです。

不動産に例えると、物件販売によって売上目標の達成を目指すのはフロー型、賃貸経営で毎月の収益を確保するのはストック型です。新聞購読、学習塾、電気代など定額または中長期で収益になるものもこのタイプで、最近増えている音楽や動画配信などのサブスクリプションもストック型です。

どちらの収益モデルにも長所と短所があります。また、すべての事業がフロー型、ストック型のどちらかに分類されるわけではなく、収益の８割がフロー型、どちらかというとストック型が多いなど、２つが混在している企業も多くあります。私の会社も、プラットフォーム事業についてはストック型に近い収益モデルですが、toCとしてポケットアルバムなども販売していますので、これはフロー型で、２つのモデルが合わさっています。

フロー型の良いところは、景気が良かったりブームにうまく乗れたりしたときなどに大きく収益を伸ばせる点です。タピオカ店が分かりやすい例です。短期集中型ですので収益の継続性はありませんが、爆発的に売れる商品やサービスを提供する場合には、起業したての会社でも大きく稼ぐことができます。

一方のストック型の特徴は、爆発力より安定性です。景気や流行に影響されにくいため、契約数、会員数を増やしながら着々と売上を伸ばしていくことができます。

どんなサービスを提供するかにもよりますが、私は安定性と継続性の高さを重視してストック型の収益モデルが良いだろうと考えました。撮影の仕事は景気など外部環境の影響をほとんど受けません。景気が良いから撮影が増えたり、単価が上がったりすることはなく、短期で大きく収益を伸ばすフロー型よりも、毎年のイベント時に着実に仕事を受け、依頼者となる園を増やしていくストック型のほうが事業を伸ばしていきやすいと考えたためです。

料金体系を決める

収益モデルが見えたら、次は料金体系を決めて、誰からいくらもらうかを計算して事業の収益をまとめます。プラットフォームサービスはBtoBtoCですので、私の会社にとって直接の顧客は団体です。団体の人たちがアップロードした写真を私たちが現像し、購入者の自宅に発送するところまでが主な役割で、売上は写真の購入者からもらいます。

ここで私は収益の考え方に選択肢があることに気づき、悩みました。実はストック型で収益を得る方法は2つに分けられます。

1つは、電気代のように基本料金があるタイプです。サブスクリプションはこのタイプで、厳密には、基本料金と使った分を加えて料金を計算するタイプと、掛け放題のスマートフォンのように基本料金のみのタイプがあります。もう1つは、オフィスにあるリースのコピー機のように、基本料金がなく使った分だけ料金が発生するタイプです。

収益性と安定性を考えると、基本料金があるほうが有利です。しかし、私はあえて基本料金なしで、使った分だけで料金を計算する仕組みにしようと決めました。

そもそも私は基本料金が発生する定額制の考え方があまり好きではありません。月ごとの収入が不安定だったカメラマン時代、私は収入が少ない月に電気代や携帯料金を定額で支払いながら、ユーザーに優しくない仕組みだと感じました。利用契約を結ぶストック型でも、使ったら使った分だけ料金が発生し、使わなかったらゼロ円になる仕組みのほうがよいと思っていたのです。

基本料金を無料にして後発の競合を牽制

基本料金をなしにした理由は、単に定額制が好きでないからではありません。理由は2つあります。

1つ目の理由は、基本料金がなく、使った分だけ料金が発生する料金体系にしたほうが、顧客がお試し感覚で使ってくれやすくなると考えたからです。写真販売のプラットフォームサービスは前例がなく、顧客もどれくらい使い、どれくらい便利になるか分かっていません。その状態で、仮に基本料金として月額1万円掛かるとなったとき、使ってみようという気持ちにブレーキが掛かります。

しかし、使った分だけ料金が発生する仕組みなら、基本料金を気にすることなく使ってみることができます。プリントした分だけ料金が発生する仕組みは分かりやすく、料金も計算しやすく、抵抗感なく利用してもらえます。一度でも使ってもらえれば、壁貼り展示にいかに手間が掛かっていたかが実感でき、サービスの良さを評価してもらえる場合もあります。私はその点に自信があったため、まずは使ってみるという一歩目のハードルを下げるために、基本料金はないほうがよいと考えたのです。

基本料金をなしにした2つ目の理由は、料金設定を安くすることによって後発企業に対する参入障壁にできると考えたためです。

当時私が調べた限り、写真販売のプラットフォームサービスを行っている会社はほかにありませんでした。すぐに事業化すれば一番乗りになり、先行者利益を獲得できます。しかし、このサービスが受ければ後発の会社が必ず出てきます。後発が出てくるくらいプラットフォームサービスは良いサービスだという自信もあります。

そのときのことを想定して、私はただの一番乗りで満足するのではなく、二番煎じができない一番乗りにしようと考えました。

基本料金が掛からなければ、団体は実質的に無料でサービスが使えます。

また、注文に応じてプリントするということは写真の買い手が決まっている受注生産のようなものですので、プリント代の合計がいくらであっても、基本料金さえ掛からなければ団体の実質的な費用負担はゼロなのです。

この事業を始めたのは私ですので、私が設定した料金がプラットフォームサービスの基準になります。基本料金ありの料金体系にすれば、写真販売のプラットフォームサービスは基本料金ありが普通だと認知されます。後発の企業もその普通を踏まえて、基本料金ありで価格設定を考えます。また、シェアを取るためには料金を安くするのが有効な方法の一つですので、「うちは基本料金を安くしています」「月々の利用料は掛かりません」といった強みをつくって参入してきます。

そういう展開が予想できたため、私は最初から基本料金をなしにしました。先駆者である私が基本料金なしにして、それを写真販売の料金体系の普通にしてしまえば、後発の企業の「基本料金を安くしています」「基本料金は掛かりません」といった提案を封じることができます。ゼロ円より安くすることはできませんので、それが参入障壁になります。そう考えて、基本料金なし、プリントした分だけ料金が掛かる価格体系にしたのです。こうした発想は、私自身が過去にカメラマンとして活動していたときに、定額ではない柔軟性のある支払いプランを望んでいたことにあります。

顧客が分かりやすい価格にする

価格設定は、写真販売の場合は２つの方法が考えられます。１つ目の方法は、写真１枚の卸価格を決める方法で、２つ目は、販売額に応じた割合で価格を決める方法です。

この２つは、収益の金額が発生するタイミングなど小さな違いはありますが、たくさん売れるほど売上が増えるという点では大差なく、サービスを提供する側としてはどちらを選んでもよいだろうと思います。

ただ、サービスを受ける側や、使ってみようか検討している側は、ほとんどの場合１つ目の方法である１枚あたりの卸価格を決める方法を好むと思います。その理由は、分かりやすいからです。

１枚あたりの卸価格を決めておけば、プラットフォームサービスに掛かる金額もすぐに分かりますし、卸値と売値の差額を計算しておけば、販売枚数と掛け算して利益がいくらになるか簡単に計算できます。一方の販売額に応じた割合で価格を決める方法は、割合が一律の場合は簡単に計算できます。いずれの方法を取るにせよ、料金体系はお互いにとって分かりやすくシンプルなほうがよく、顧客が安心して使える明朗会計であることが大事だと思います。

分かりやすさという点では基本料金をなくしたこととも関係します。仮に基本料金が１万円掛かる場合、その分だけコストが増えるとともに、１枚あたりの単価も変わります。利益を乗せて販売する場合も、基本料金がなければ売値と原価の差額に枚数を掛け算すれば計算できますが、基本料金が掛かると、何枚売ったときにいくらになるかを計算しなければいけなくなるのです。

安くしてより多くの顧客を獲得

ビジネスモデルとしては、写真1枚あたりの価格を高くしても安くしてもメリットがあり、どちらを選ぶこともできます。

考え方としては2通りあります。1つは、収益面での先行者利益を狙ってより高単価の事業にすること、もう1つは、競合がいないブルーオーシャンの状態で、競合を牽制する低価格の価格設定にすることで、早期により多くの顧客を囲い込むことです。どちらが良いかを検討して、低価格で設定することを選びました。

BtoBtoCという視点から見ると、私の役割はBである園と、その先にいるCの保護者に喜んでもらうことです。高くするよりも低くしたほうがBとCにとってのメリットが多いため、写真1枚あたりの単価を低く設定しようと決めました。

事業面では、高くすることによって短期的に収益を伸ばすよりも、後発の競合が参入しづらい状況のなかで長く使ってもらうほうが、事業の継続性が高まり、中長期的に見れば収益の額も多くなるだろうと考えました。低価格にすることで、一つひとつの顧客から得られる売上は減ります。しかし、負担が大幅に減らせるといった良さが認知され、しかも、そのサービスが安く使えるのであれば、使ってみたいと思う顧客は増えるはずです。利用してくれる顧客の数が増えれば収益の総額は伸びます。地域限定ではなく全国展開、海外展開まで視野に入れたサービスをつくるという点でも、単価を低く設定したほうが広がりを見込めると考えたのです。

運営業務はシンプルにする

ビジネスモデルの組み立てでは、収益の構造を考えるとともに、その収益を得る体制をどのように運営していくかを考えることも重要です。

起業して間もない頃は人手が足りず、ありとあらゆることを自分でやらなければなりません。それは仕方がないことだとしても、いつまでも自分が奔走しなければならない仕組みになっていると、手が回らないことが原因で事業が伸び悩みますし、奔走することに疲れて事業が嫌になります。

これは、私がカメラマン派遣をしながら実感したことです。顧客とのやり取りからカメラマンの手配まで、自分にしかできないことが多すぎたため、依頼者数が50件を超えたあたりから手が回らなくなり、それ以上の発展が実現できなかったのです。

事業運営は専門性をできるだけ低くすることが大事です。アルバイトやパートに任せられるくらいシンプルに簡略化し、究極的には自分が関わらなくても事業が自走するような仕組みにすることが理想的だと思います。

運営のポイントは、日々の業務です。運営していくために必要なシステムをつくったり、事業拡大のための資金調達をしたりする部分は技術者や専門家が必要になります。

しかし、優秀な技術者などをたくさん集めたところで、運営がうまくいくとは限りません。そもそも技術者を何人も採用することは難しく、だからこそ、技術や専門性が不要な業務をできるだけ増やし、その業務の難易度を下げることが大事なのです。

言い換えると、事業をスタートする前に、アルバイトやパートでも運営していけるようなビジネスモデルをしっかりとつくり込むことが大事だということです。

例えば、プラットフォームサービスの運営では、団体がアップロードした写真や写真購入者などからの注文をシステムで管理しています。注文を受けた写真は自社の現像機（プリントするための機械）を使って現像し、注文者ごとに自動で仕分けています。

このようなシステムや機械をつくるためには専門技術が必要です。顧客獲得の仕組みをつくったり、収益化の方法を考えたりすることも含め、事業を動かしていくための裏側の部分は複雑ですし、複雑につくり込むことによって事業が成功しやすくなります。

しかし、システムそのものの管理や機械のメンテナンスであれば、方法と手順さえ教えればアルバイトでもできます。実際、社内にいるパートたちは全員が機械を使いこなして写真をプリントしています。不具合があっても多少のメンテナンスなら自分たちでできます。そのような仕組みをできるだけ早く、できれば事業をスタートする前に構想、構築することが重要なのです。

自動化と自走化のための投資

　本来、起業家や経営者の仕事は会社の未来について考え、計画をつくることです。日々の業務が忙しくなるほど、そのための時間を奪われます。日々の業務を滞りなく運用できる仕組みさえできていれば、社長がいなくても業務は進みます。社長は安心して次の事業展開を考えることができるようになるはずです。

　そのためには、アルバイトでもできる運用の仕組みづくりが重要ですし、人手不足の解消や業務の効率化とスピードアップを図るという点で、システムや機械の活用と、それらへの投資も大事なポイントだと思います。

　プラットフォームサービスは、ある程度の依頼が獲得できるようになった時点で自社に現像機を導入しましたが、それまでは安価にプリントできる業者を探して渡り歩いていました。事業内容としては受注システムの提供のみで、壁貼り展示の貼り出し作業と保護者から注文を受ける部分についてはプラットフォームに置き換えることでデジタル化しましたが、注文を受けてからのプリント、注文者ごとの写真の仕分け、封入の作業はパートに協力してもらいながらアナログ作業で行っていたわけです。

しかし、注文が増えると要望も増えます。なかにはすぐにプリントしてほしいというリクエストもあります。

そこで、1500万円の投資をして現像機を導入し、プリント作業を内製化することにしました。この現像機の特徴はデータ送信からプリントまで短時間でできてしまうことです。社内に現像機があれば外注のプリント業者とやり取りする必要もありませんし、最短で出荷を希望する顧客にも対応できます。

これによってプリントの作業が大幅に効率化し、納品のスピードも速くなりました。機械の操作方法をパートに教えたことで、私がいなくてもプリント作業ができるようになり、また、データを送ればあとは機械が自動で動きますので、その間はパートが別の業務をできるようにもなりました。

社長の仕事はプリント作業をすることではありません。手間や時間が掛かっている作業を自動化し、自走化するための方法を考えること、そして、そのための投資を判断することなのです。

原価を下げてオール・ウィンを実現

現像機の導入は業務の効率化につながり、その点を評価して、私はすぐに同じ現像機を2台追加しました。その後も顧客が増え、日々数万枚の写真をプリントするようになったため、その都度、現像機を増やし、現在は5台が稼働しています。

1台につき1500万円という投資額を大きいと感じる人もいるかもしれませんが、それだけの投資をするもう一つの大きな狙いとして、私は1枚あたりのプリント価格を下げたいと考えていました。

原価が安くなれば、団体は売値に利益を乗せ、より多くの収益を得ることができますし、利益を乗せずに原価で販売する場合は購入者向けの売値が安くなりますので、BtoBtoCのCの満足度が高まります。購入者の満足度を高めることは団体の価値を高めることにつながりますし、団体が満足すれば、プラットフォームサービスの評価が上がり、口コミも広がりやすくなります。

そのような効果まで含めれば、現像機の導入は決して高い投資ではありません。顧客が喜び、写真購入者も喜び、さらに私にとってもメリットがあるオール・ウィンの投資だったわけです。

ＩＴ活用で現場負担を軽減

ビジネスモデルができ、収益や運用の構想もまとまれば、いよいよ本格的にサービスの開始です。しかし、現実はそう甘くはありません。ビジネスモデルの構築はあくまで構想で、実際のビジネスとして動かしていく際には期待どおりにならないこともあり、想定していなかった課題が出てくるものなのです。

私の場合も、ビジネスモデルの構想がまとまった時点では、このビジネスモデルならすぐに顧客が増えるだろうと思いましたし、現像機をフル稼働で動かさなければならないくらい注文が来る自信もありました。しかし、スタートして間もなく、２つの課題が見つかりました。

１つ目は、社内の作業が多く、手間と時間が掛かること、２つ目は、サービスの存在を顧客になかなか認知されなかったことです。

社内作業については、ある時点で現像機を導入したことでプリントに掛かる作業が大幅に削減できました。

手間と時間が掛かる作業はサービス提供者にとって大きな負担になります。とりあえずのところは注文数の増加に合わせてパートを増やして対応できますが、いずれ限界が来ます。全国展開、海外展開と事業を発展させていったときには、何十人ものパートが必要になってしまいます。そのことはカメラマン派遣のときの経験から分かっていますし、どうにかしなければカメラマン派遣の二の舞になります。また封入は人による手作業ですので、封入する写真を間違えたり、サイズや枚数を間違えたりするミスが起きる可能性もゼロではありません。もし、そうなると団体からの信用が低下します。

現像機の導入に合わせて、私は自社でＩＴシステムをつくりました。通常の現像は写真ごとにプリントします。すべての注文をまとめ、Ａ、Ｂ、Ｃといった写真がそれぞれ何枚あるか計算し、Ａが10枚、Ｂが20枚、Ｃが15枚など順番にプリントします。

この仕組みを変えて、注文者ごとに現像するシステムをつくったのです。これによって手間と時間が掛かっていた仕分けの作業が不要になりました。パートの仕事としては、現像機から出てくる注文者ごとの写真を封入するだけに簡略化できました。

新しいサービスは認知されにくい

事業をスタートしてから新たに見つかった２つ目の課題は、世の中にないまったく新しいサービスであったため、顧客の認知度が低く、サービスの内容、特徴、団体にとってどんなメリットがあるかといったことがなかなか理解してもらえなかったことです。

起業あるあるの一つかもしれませんが、これには苦労しました。ビジネスモデルを固めて、サービスを開始したのは２００９年のことでした。そこから営業を始めますが、ホームページ経由の問い合わせなどの反応があり、事業として成り立ちそうな兆しが見えたのは3年後のことです。

顧客になかなか理解されなかった理由の一つは、既存のビジネスと勘違いされることが多かったためです。プラットフォームサービスは、カメラマンなどが撮った写真を販売する場を提供するサービスです。顧客が保育園や幼稚園であれば、撮影者は園の先生やカメラマンで、撮る人を手配するサービスでもありません。

しかし、営業に出向く場所では、だいたいカメラマン派遣の仕事と勘違いされます。「行事のときにカメラマンを手配してくれる会社ですね」「うちはすでに別の会社に頼んでいるので派遣は間に合っています」などと言われます。写真の事業はカメラマン派遣の事業という先入観が根強く、プラットフォームサービスであることが伝わらないのです。

すでに先行企業がいるビジネスは、すぐに正しいイメージをもってくれるため、細かく説明する必要はありません。その点では二番煎じの事業のほうがラクですし、新しい事業を売り込むためには、「写真といえば運動会で撮る人」といった先入観と刷り込みを打破することが第一の関門になるだろうと思います。

顧客の利用環境が障害になる

顧客が増えなかった背景として、当時はまだ日本国内のインターネット環境が整っていなかったことも挙げられます。サービスを開始した２００９年頃は、まだスマートフォンがなくガラケーの時代でした。顧客である園にも光ファイバーのような高速の通信回線はなく、さまざまな資料を手書きで管理しているアナログな園ばかりでした。そのような環境だったため、サービスの価値を見いだしてくれた園長先生などからも、便利で良さそうだけどパソコンからアクセス可能な環境がない、自宅にパソコンを持っている保護者が少ない、各家庭が平等に使えないシステムは導入できないといった意見をもらいました。壁貼り展示の負担を軽減できるメリットが理解されても、通信環境の事情などによって壁貼り展示でしか買えない保護者が一定数いれば、不公平になるため導入できないというわけです。

インターネットに関しては、個人情報の流出を心配する声も多く、それも契約に至らない要因になりました。運悪く、サービスを開始した頃はハッキングなどによる企業からの個人情報流出がニュースによく出ていました。その情報を踏まえて、園児の安全のために写真をインターネットでやり取りすることをリスクとみなす園が多かったのです。これはインターネットに関する知識やリテラシーの話でもあります。プラットフォームサービスはセキュリティをかけますのでパスワードなどを知らない人が勝手に写真を見たりすることは不可能です。ただ、その点はあまり信頼されませんでした。一方で、園のウェブサイトやブログを見ると、普段の園の様子を写した写真がいくつも掲載されています。園児の顔が鮮明に写っている写真もあり、特にセキュリティもかかっていないため右クリックから簡単に保存できてしまいます。

園としては、ウェブサイトやブログは自分たちで管理しているから安全、外部の業者のインターネット環境は自分で管理できないから不安というような感覚だったのだと思います。その点も含めて、世の中全体においてインターネットに関する理解度が低く、その影響もありインターネットサービスに対する漠然とした不安があったのです。

良いサービスは必ず普及する

この頃のことで一つ印象的だったのは、ある保育園で営業した際に、園長先生から「そのうちに時代が来るよ」と言われたことです。その園は、インターネット環境が整っていない家庭があるという理由で契約には至りませんでしたが、「そのうち時代が追いつくから、それまで頑張って」という言葉をもらったのです。

私はプラットフォームサービスが便利なサービスであると確信していました。海外展開を見据えたビジョンを実現させるための光に見えていました。

しかし、何事においても世の中が受け入れるタイミングがあります。スマートフォンを使ってオンライン決済することが当たり前になったり、タピオカが急にはやったりするのと同じで、外部環境が変わることでサービスが受け入れられるようになるものなのです。

私はその言葉を励みにして営業に回りました。そして、園長先生が言ったとおり、徐々にサービスの価値を理解してくれる人が増え、契約にも結びつくようになりました。２０１２年頃から急に問い合わせが増え始め、営業の手応えも出てきたのも、スマートフォンを使う人が増え、インターネット上で物を買ったり決済の手続きをしたりすることが身近になったからです。

問い合わせを受ける園のなかには、かつて営業し、契約に至らなかった園もありました。2年ぶりくらいに電話が掛かってきて、あのときにもらった資料を見返してみた、プラットフォームサービスはまだやっているか、詳細を聞きたいといった話をもらうようになったのです。

そのような反応を得ながら、これが、あのとき園長先生が言っていた「時代が追いつく」という意味なのだなと実感しました。

待っている時間を無駄にしない

このように、いくらアイデアが良くても革新的なサービスでもすぐに売れるとは限りません。起業家は基本的には未来志向で先の時代を見ていますから、市場にない新しいサービスの場合は特に、サービス開始のタイミングが早いせいで売れないことのほうが多いと思います。言い換えれば、すぐに受け入れられないサービスは、目先の収益の獲得には苦労しますが、時代に対する先見性があり、世の中を変えるような革新性や斬新さもある証拠とも取れるだろうと思います。

時代との時間差は起業家が頭に入れておく必要があります。誰かの役に立ち、ありがとうをもらえる自信があるビジネスなら、時代が追いついてくることを前提とし、待つしかありません。

ただ、待つことは大事ですが、待つ間にできることもあります。例えば、顧客に営業しながら、どんな点が不安かを聞くことができます。不安に感じている点が分かれば、そこを解消することでサービスの質を高めることができます。

サービスの認知度・理解度を高めるための取り組みも大事です。例えば、サービス内容をまとめた資料をつくることができます。プラットフォームサービスも、数年前に配った資料がきっかけとなり、連絡をくれる人もいました。

ほかにも、営業のスクリプトをつくる、顧客リストをつくる、会社の理念をまとめる、会社やサービスのイメージカラーをつくるなど、時間があるからこそできることもあります。

チャンスはいつやってくるか分からないものです。そのときのために着々と準備を進めることが大事です。

第4章

経営とはヒト、モノ、カネのバランスを保つこと
理想と現実のギャップを埋め続けることが
起業家のミッション

ヒトの獲得と育成が難しい

ヒト、モノ、カネは経営に不可欠な経営資源です。そのなかでも、特に重要なのはヒトだと思います。

ものづくりの裏側にもサービスの運営にも人が存在しますし、人の質によって提供する価値も変わります。また、モノとカネは経営者が頑張ればどうにかできますが、ヒトはコントロールできません。教育や育成に力を入れても、期待どおりに成長してくれるとは限りませんし、期待どおり、または期待以上に成長して喜んでも、辞めていってしまうこともあります。

私自身、起業当初からヒトの採用や教育にはさまざまな苦労をしてきました。育成の方法に悩み、業務をうまく教える方法を練り、コミュニケーションの取り方や働き方の改善方法を考えるなどして試行錯誤を繰り返してきました。

その結果、一つの結論にたどり着きました。それは採用の入り口にこだわることが大事だということです。人が育たない、辞めてしまう、社内の雰囲気が良くない、仕事と向き合う熱量が違うといったさまざまな課題と違和感があり、なぜそのような人が増えてしまうのかを突き詰めていった結果、ヒトの施策の最上流である採用の入り口に問題があることに気がついたのです。

そこで私は会社の理念に共感し、ビジョンを共有できる人だけを採ろうと決めました。私の会社の理念はありがとうをもらう仕事をすることです。顧客の役に立ち、取引先に感謝される組織となることが重要で、その価値観を理解できる人だけを採用します。ビジョンは会社として目指している方向性のことで、プラットフォームサービスを全国展開し、その先には海外展開も見据えています。規模としては、目先の目標として従業員１００人、売上額１００億を掲げています。その目標を理解して、一緒に船を漕ぎたいと思う人だけを採用します。

この方針に変えて採用基準や採用の方法を練ったところ、従業員の定着率が上がり、事業の改善案などを提案する主体的な人が増え、一緒に成長していける優秀な人が集まるようになったのです。

誰でもいいわけではない

起業して仕事が増え始めると、ほぼすべての会社が人手不足に陥ります。今も中小企業は慢性的な人手不足に悩んでいるケースが多く、その状態で採用を考えると「働いてくれる人なら誰でも大歓迎」になりがちです。

これが悲劇を生みます。「こんな人に来てほしい」「こういう人と一緒に働きたい」といった理想や願望が二の次になり、価値観が違う人を採用してしまうことになるのです。

起業したての頃は自分でやらなければならないことが多く、ほとんどの起業家は個人事業者と同じように一人ですべてのことをやらなければなりませんので、雑務などを頼む人の採用ならばそこまでこだわらなくてもよいと思います。

実際、私も起業して間もなく自分一人では手が回らなくなり、パートを採用しました。当時の私はプラットフォームサービスを立ち上げたばかりで、写真の現像や封入などを自分で行っていました。また、プラットフォームサービスが軌道に乗る前でしたので、カメラマンとして撮影の仕事もしていましたし、隙間時間を使ってプラットフォームサービスの営業もしていました。さらに、写真スタジオの運営もやっていたため、撮影をしながら宅配便の受領印を押すなどの雑務もあり、この負担が手間の面でも時間の面でもあまりにも大きく、雑務を担ってくれるパートを雇うことにしたのです。

このときは、理念もビジョンも関係なく、ただ手伝ってくれる人が欲しいという考えでしたが、これは大正解でした。宅配便を受け取ってもらったり電話対応してもらったり、そのような雑務を担ってもらうだけでこんなにラクになるのかと感動しました。おかげで起業家の本来の仕事である事業案を練ったり営業をしたりする時間が取れるようになったため、そのときのパートにはたいへん感謝しています。

問題は、その後です。プラットフォームサービスの依頼が増え始めると、写真の仕分けや封入の作業が増えます。私一人では対応できませんので、その都度、パートを増やしていきます。また、プラットフォームサービスを始めた年には主に経理を担当してもらう人として初めて正社員を採用し、その後も事業の拡張に合わせて園向けの営業の担当として中途採用の社員を増やしていきました。

ここからの2～3年くらいがヒトの面で暗黒の時代です。パートも社員も入れ替わりが激しく、ほとんどの従業員が3年以内に辞めていきます。オリンピック1回も待たないうちに従業員が総入れ替えになるような状態になるのです。離職率30～40％が普通でした。

1人採用したと思ったら誰かが辞めます。辞めた人の穴を埋めるために別の人を採用すると、またほかに辞める人が現れます。仕事は順調に増えていますので、誰かが辞めると人手不足が深刻化します。そのため、常に新しい人を募集していましたし、応募者が来ればすぐに採用しました。

心理的には、お腹が空いているときに「なんでもいいから食べたい」と思うのと同じです。応募動機や価値観などを問わずに採用し続け、そのため考え方も仕事に取り組む姿勢もバラバラな人たちが集まっているだけの集団になっていて、会社組織とはまったく違う状態でした。

変化に柔軟であることが重要

当時のヒトに関する出来事で最も強烈に印象に残ったのは、1日に19人もの従業員から退職願を受け取ったことです。理由はコロナ禍への対応として、営業のやり方などを変えたことでした。働き方や暮らし方の面で世の中が大きく変わっているなかでは、会社も社内体制を変えていかなければなりません。しかし、従業員のなかには、その変化についていけない、今までどおりのやり方を続けたいと考える人もいます。そう考える人たちが同じ日に辞めると言いだしたのです。

幸い、プラットフォームサービスはストック型ですので売上にはほとんど影響がありませんでした。しかしこの件を通じて、私は採用や雇用や組織づくりについて根本的に見直さなければならないと思いました。

辞める人はなぜ辞めるのか、辞めない人と何が違うのか、辞めないようにするために会社は何ができるのかといったことをあらためて考えて、価値観がバラバラな人の集団ではなく、同じ目的をもって一緒に働ける組織にしなければならないと思ったのです。

辞めずに残った人たちに話を聞くと、ある2つの共通点が見つかりました。その1つは、変化に対して柔軟であることです。

例えば日々の働き方、仕事の進め方、評価基準、会社方針といったことの変化です。

退職の理由はさまざまありますが、会社の考え、価値観、社風などとのズレが原因で退職する人は少なくありません。人が次々に辞めていった当時の私の反省点は、従業員と会社との間にズレがあることに気づかず、ズレを埋めるための施策もなかったことです。

一方、ズレによって退職者が出るという点から見ると、残った人たちは私たちの方針ややり方を理解し、実行しようという意思をもっていたといえます。つまり会社が求めることと自分がやってきたこととの間にあるズレを自分で認識し、会社に合わせようと柔軟に変化してくれたということです。コロナ禍への対応で業務の進め方などを変えたときも、彼ら残った人たちは変化に対する柔軟性が高く、業務手順が変わるなら新たな方法を覚えればいい、営業方針が変わるなら新たな方針に合わせればいいと考えていたことが分かりました。

この差が一つの組織としてまとまり、活動していけるかどうかに影響します。

経験不足はマニュアルで対応

もう少し掘り下げると、これは中途採用の難しさでもあります。起業間もない会社や中小企業は、大手企業と比べてヒトを育てていくための時間的、経済的な余裕が少なく、即戦力として経験者を中途採用する傾向が強いといえます。そのため、育成に掛かる時間やコストなどを抑えることはできるのですが、その反面、「前の会社ではこうだった」というその人なりの正しさがすでにあるため、新卒採用する場合と比べて会社としての一体感を醸成するのが難しくなるのです。

そのことに気づいて、私は専門性が必要な一部の職種を除いて、社員は新卒採用に切り替えることにしました。

専門性が必要な職種は、例えばＩＴエンジニア、経理、財務など資格の有無や種類で能力が測れる職種です。この分野の人材は社内でゼロから育てるのが容易ではなく、育成の体制が整っていないタイミングでは外部から経験者を探してくる必要があると思います。

ただ、それ以外の職種であれば経験者である必要はありませんし、経験がない新卒のほうが会社の価値観などをゼロベースで学んでもらうことができます。理念の共感やビジョンの共有の視点で見たときに、即戦力となってくれる中途採用者よりも新卒のほうがよいと考えたのです。

「この仕事を任せます」「やり方を覚えてください」と伝えるだけでは、従業員は覚えてくれません。特に中途入社の従業員が多く、それぞれが自己流（前の会社のやり方）で仕事をしている状態では、先輩から学んでと指示することで仕事の進め方が悪い意味で多様化してしまいます。

それを防ぐためには、会社が従業員にどういう成果を求め、どういう働き方を期待しているか、掲げている方針の根底にどんな価値観があるのかをきちんと伝える必要があります。また、白紙の状態で学べる新卒のほうがあらゆることに素直で柔軟であるため、学ぶスピードも速くなると思うのです。

主体性をもっている人を採用する

残った人たちの2つ目の共通点は、自分の軸をもっていることです。自分の軸をもつとは、自分なりの考え方や価値観をもつという意味で、1つ目の共通点として挙げた柔軟さと矛盾しているように感じるかもしれませんが、ここでいう軸はもう少し大きな視野で見たときの軸です。日常の仕事のやり方や制度の内容といった具体的なことではなく、なぜ働くのか、仕事を通じて何を実現したいのかといった人生設計に関わる部分で、自分の軸をもっている人が多かったのです。

19人が一斉に退職したときの背景として、まず従業員のなかで影響力が強めの人が辞めると言い、その一声に乗っかるようにして自分も辞めよう、私も辞めようと考えた人が何人もいました。一方、残った人たちは他人の考えには流されず、自分はここで働きたいという考えをもっていました。

残りたいと思った理由は人それぞれです。従業員からヒアリングしたところ、プラットフォームサービスの成長に期待し、伸びていく様子を間近で見たいからと答えた人もいましたし、もっと単純に、仕事が楽しいから、収入が必要だからと答えた人もいます。パートのなかには、家が近くて働きやすいからと答えた人もいました。

理由は異なりますが、いずれにしても自分主体で考え自分で決めたというのが共通点です。これは大量退職や連鎖退職を防ぐうえで大事なことですし、主体的に考えられる人が増えることは自立的な組織として成長していくことにもつながります。

この経験から、当時私は採用時の面接では仕事をする目的や人生の目標などを深く聞くようにしました。また、従業員とは定期的に面談の場をつくり、どんな仕事がしたいか、どんなことに楽しさを感じているかなどを聞くようにした時期もありました。

ここで働きたいと思ってもらうためには、仕事や制度などを変えていくことも重要ですが、もっと根本的なこととして、自分が実現したい未来がこの会社で働くことによって実現できると思えるかどうかが重要だと思います。例えば、新しい企画を考え、積極的に提案していきたいと思っている一方で、会社が「言われたことだけやってください」という社風だったとしたら、理想と現実のギャップを感じ、そういう会社にいても仕方がないと思うはずです。

これも会社と従業員との間にあるズレです。そのズレは少なくとも従業員が辞めたいと思う理由になります。

逆に、この会社で働くことが幸せな未来につながりそうだと思ってもらえれば、楽しく前向きなイメージをもって仕事に取り組めるようになります。その点でも従業員の主体性に問い掛けることは大事ですし、主体的な人を採用することが会社の成長につながると思います。

高卒採用の難しさを実感

辞めやすい人の条件としては、新卒のなかでも、高卒と大卒の差もあるように感じます。採用方法を中途採用から新卒採用に切り替えた際に、ある年は高卒の人中心、ある年は大卒の人中心、ある年は高卒と大卒を半々で採用するといったように、採用条件を変えながらどういう方法が良いのか探りました。その結果、私が見た限りでは、高卒の人のほうが離職率が高くなりました。これは自分の未来を考える力の差などによる違いもありますが、やはり採用面での制度が関わっていると思います。

高卒と大卒は採用の流れが異なります。高卒の場合は学校で説明会を行い、先生の推薦を踏まえて入社に至ります。進路指導の先生が推奨したからという理由で面接に来る生徒もおり、最終的には生徒が自分で勤め先を決めますが、就職活動の流れのなかで学校や先生の影響力が大きいのです。また、企業と生徒が接点をもつ機会が少なく、大卒採用や中途採用と比較して、企業側が採用する人材を見極めるのが難しいという特徴もあります。

大学生の就職活動は学生主体です。自分で興味がある業界について調べ、自分でエントリーシートを書き、自分で自己アピールを考えます。なかには、入社を目指して業界研究をしたり役に立つ資格をあらかじめ取得したりする学生もいます。この点は専門学校生も同じで、興味をもって応募するという時点でこの仕事をしたいと思っています。そのような熱意が入社前の段階からあるため、離職率も低くなるのだろうと思います。

必ずしも大卒でなければいけないということではなく、日本の高卒採用におけるルールによって、企業側が採用の際に人材を見極めづらくなっているのです。

社員とパートに求めることを明確にする

一緒に長く働き、一緒に成長していける人を確保するためには、そのための条件を明確にする必要があります。

条件についてはパートと社員を分けて考える必要があります。従業員側から見ると、パートは勤務先から家の近さなどを重視し、社員は事業内容や会社の将来性を見るなど、それぞれで勤め先に求めることが異なります。会社側から見た場合も、会社として社員に求めることとパートに求めることは違います。

パートの役割は基本的には、直近で必要な業務をこなすことです。なかには、気づいたことなどを積極的に提案してくれるパートもいますが、それはその人が優秀だからであって、会社側から提案力や企画力などを求めるものではないです。仕事の進め方としても、会社が業務を依頼し、パートがそのとおりに行うのが基本で、仕事に向き合う姿勢としても待ちの姿勢で問題ないと思います。

社員に求めることは、会社や事業の未来をつくっていくことです。パートが業務を行うのに対し、社員は業務を行いつつ、その業務を効率化する方法などを考えたり、あるいは新しい手順、企画、事業案などを考えたりすることが大事です。つまり会社の指示で動く待ちの姿勢では不十分で、マニュアルどおりに動くのではなく、マニュアルがない領域で仕事をするのが社員であるということです。

これは新人もベテランも関係ないと思っています。考えたことや提案の質は経験や実績によって差があるかもしれませんが、入社したばかりだからマニュアルどおりの仕事でよいということにはなりません。

入社するということはスポーツに例えるなら背番号を付けてフィールドに出るということです。その意識があるか、もてるかという点が社員として採用する際の重要な条件の一つになるだろうと思います。

採用試験の工夫でミスマッチを防ぐ

主体性や仕事に取り組む姿勢を見るためには、採用試験も工夫する必要がありま す。採用で重要なのはミスマッチを防ぐことです。働き手側が望むことと会社が従業員に望むことにズレがあると、お互いにストレスになりますしお互いが不幸になります。そのミスマッチを防ぐために、入社のフィルターである採用試験はこだわる必要があります。また、前年やそれ以前に採用した人の活躍ぶりや満足度などを定点観測しながら、試験の内容を磨いていくことが大事だと思います。

私の会社を例にすると、会社方針として、主体性があり創造的な思考ができる学生に来てほしいと考えています。私の会社はプラットフォームサービスをはじめとする新しいサービスを生み出し、進化させていくことに力を入れていますので、そのためには正解がないなかで自分なりの最適解を生み出す創造性が必要だと考えています。
そのような方針があるため、試験内容もクリエイティブ性を見る内容にしています。試験は5次試験まであり、1次試験の適性検査と2次試験の人事担当者との面接は他社とほとんど変わらないと思います。

大変だと感じる人もいますが、大変な試験だからこそ、主体性や創造性をもつ人を絞り込むことができます。「大変だ」「面倒だ」「会社やサービスについて調べなければならないのか……」と負担に感じる人は受けようと思わないですし、5次まである試験を大変と思うか面白そうと思うかの差を見るという点で、5次試験まであることもミスマッチを防ぐフィルターになっているのです。

熱意のある人が自動的に残る

この採用試験は、ミスマッチを防ぐという点でもう一つ狙いがあります。それは、試験を通じて会社の価値観を知ってもらうことです。試験に通るためには、サービス、会社、創業者のことを調べる必要があります。その過程では、理念やビジョンに触れる機会があり、ありがとうをもらう会社を目指していること、全国展開やその先の海外展開を見据えていることも分かります。

その過程で面白そうな会社だと思ったり、自分も一員として働きたいと思ったりした人は、理念などについて深く掘り下げて考えるはずです。逆に、自分の価値観と違うと感じた人は理念などを表面的になぞるだけで終わり、その差は試験のなかでのプレゼンや提出する動画などの成果に反映されます。

例えば、その内容を比べるだけでも、熱意をもって話す人もいれば、そうでない人もいます。どんなサービスにも共通することですが、売り手が本心から良いと思っているものでなければ顧客も納得して使ってくれません。プレゼンの試験は、単に営業力を見るものではなく、プラットフォームサービスの価値を理解しているか、その根底にある困り事を解決したいという思いを共有できるかどうかを見る狙いがあり、その点でも、この試験は価値観のミスマッチを防ぐフィルターになり、最終的には、理念に共感し、ビジョンを共有できる人が残るのです。

また、最終選考を通過して社員になる人は、その過程で会社やサービスのことを十分に調べたはずですので、入社後の教育に掛ける時間が軽減されます。通常、新入社員の教育は自社のサービスの特徴などを教えることから始まりますが、この試験を通過した人にはそれが不要で、教育に掛かる時間やコストが抑えられます。

営業先では、顧客からどんな会社で、さらにどんな社長なのかと聞かれた場合、背景を知らない人はあいまいな答えしかできませんが、最終選考を通過した人は、私がどんな思いをもって創業したか知っていますし、どんな組織を目指しているかも分かっています。今年で何年目の会社です、このサービスはこんなメリットがあります、全国に何件の顧客がいます、社長はこういう人です、といった答えが返せます。

社員は、入社すると同時に背番号付きのレギュラーになりますし、営業先では会社を代表して話す立場になります。その役目を果たすうえで、試験で学んだ知識が役立ちます。試験の段階から会社やサービスについて学べる仕組みをつくることで、新卒でもほぼ営業の即戦力になる人に育てることができるのです。

価値観のズレはお互いのストレスになる

採用時からそこまでこだわる必要があるのかと考える人もいるかもしれませんが、私は採用こそこだわらなければならないと思っています。

以前は私も多少の価値観のズレがあったとしても、入社してからの教育で教えればいいと考えていました。しかし、ありがとうをもらう価値が理解できていない新人に、いくら「それが大事です」「そのために困り事を解決しましょう」と伝えても、人の価値観は簡単には変わりません。当時はとにかく会社を成長させるための人材が欲しかったため、ビジネスモデルやサービスの内容を理解できるかどうかが優先で、理念などに共感するかどうかはほとんど考えていなかったのが実情です。

しかし、その影響で暗黒の時代を迎え、理念やビジョンを理解してもらうことがいかに難しいか実感しました。中途採用の社員は生まれてから30年、40年にわたって自分の価値観を構築し、仕事に関しても10年やそれ以上掛けて価値観を構築しています。仕事はこういうもの、会社はこういうものといった意識が固まり、固定観念のようになっている人もいるのです。一方の新卒は、仕事のやり方などに関する固定観念はありませんが、それでも20年前後生きてきたなかで、仕事そのものに対する自分なりの考えが固まっている人がいます。頭が固いといったらそれまでですが、他人の価値観を受け入れられず、拒否する人もいるものなのです。

　そういう人と接していくなかで、私は会社の価値観が伝わらないことに相当のストレスを感じました。おそらく相手も自分とは違う価値観を押し付けられていると感じ、ストレスを抱えただろうと思います。つまり価値観が合わない人同士のコミュニケーションは苦痛しか生まないのです。

　これは私だけでなく従業員にとっても問題です。会社で一緒に頑張ってくれている従業員は会社の価値観を理解しているのです。ありがとうをもらう、困り事を解決するといったことにやりがいを感じています。彼らの部下や後輩として異なる価値観の人が入ってくれば、お互いがストレスを感じます。教育しても伝わらず、分かり合えない無駄なコミュニケーションによってネガティブな空気が生まれ、それが仕事をつまらないものにします。それを防ぐには、ビジョンを共有しながら働ける人のみが通過できるフィルターを会社が用意しなければなりません。入社後の教育によって価値観が変わる人もいると思いますが、その確率と、そのための努力、従業員に掛かる負荷を考えると、私は入り口である採用のフィルターを明確に設定するほうが効率的で効果的だと思うのです。

合わなければ採らない覚悟が大事

採用のフィルターを明確に設定するためには経営者も覚悟を問われます。フィルターを通る人がいなければ採用はゼロです。事業拡大を狙うための人員がとりあえず1年間はゼロになります。

それでもいい、社風と合わない人は採らないという選択をできるかどうかが大事です。私はその覚悟をしました。人が入れ替わり立ち替わりする現状をどこかで変えなければならず、その方法としては入り口である採用のフィルターを強化することが最も効果的だと気づいたため、中長期で良い組織にしていくためには最悪ゼロ人でも構わないと覚悟し、思い切った改革が必要だと思ったのです。

就職活動生向けの入社説明会も同じ姿勢で臨んでいます。入社説明会では、私たちと一緒に働きましょう、うちに来てくださいといったことはいっさい言いません。就職活動生に伝えるのは、会社に関しては、理念やビジョンなど会社の根幹に関わることです。この社風に合う人は一緒に成長していけますし、合わない人は仕事がつらいと感じてしまうため、主体性や創造性が乏しい人はおそらく合わないということも包み隠さず伝えています。

さらに、募集人数が10人でも、10人というのは目安に過ぎません。数字が最優先になることはなく、私が考える基準を満たしている人がいなければ5人しか採らないかもしれませんし、ゼロ人かもしれませんとも伝えています。

以前の会社説明会では、会社をバスに例え、説明していました。私たちの会社は、現在は時速40㎞で走っているバスです。しかし、ＩＴプラットフォーマーを取り巻く外部環境の変化は速いため、私たちは今後、困り事解決を通じた事業の全国展開に向けて時速60㎞、80㎞と加速していきます。私たちは毎年1度、就職活動という停留所に停まり、そのスピードについてこられる人や、スピードアップできる人を乗せています。高速バスは苦手、鈍行で行きたいと考えている人にバスがスピードを落として合わせることはありません。

　厳しい言い方に聞こえるかもしれませんが、採用で社風を変えるのであれば、採用試験も説明会もこだわることが大事です。就職活動生は、ＩＴ業界がいい、営業職がいいなど業界や業種で仕事を選ぶ人が多いのですが、業界などに関する興味は変わっていく可能性があります。社会人になって視野が広がったときに、あの仕事が面白そうだ、あの仕事のほうが自分に合いそうだと気づくこともあります。人はそのような変化をするものですし、変化は成長と言い換えることもできます。

　一方、個人の価値観はそれほど大きくは変わらないものです。個々の会社の社風は、その会社の経営者、歴史、勤めている従業員がつくるものですので、さらに変わらないものといえます。つまり長く働き、成長を続けていくためには、業界や業種で選ぶよりも社風で選ぶことが重要で、就職活動では会社の価値観を見て、自分に合うかどうかをじっくり検討することが大事です。入社説明会では、そのような話も伝えます。私たちの仕事の紹介というよりは、就職活動生に向けたハッピーに働ける会社選びの心得を伝える場にしています。

設備の差で参入障壁をつくる

ヒト、モノ、カネのモノは、会社が世の中に提供する商品やサービスを指します。また、それらをつくり出すための設備もモノに含まれます。

プラットフォームサービスにおいては、その質を高めるために最高水準の現像機を導入しました。その理由は３つあります。

１つ目の理由は、写真の質が向上することです。プラットフォームサービスは壁貼り展示の負担を軽減しますが、商品の品質を下げるわけにはいきません。顧客はサービスの良し悪しだけでなく商品の質も評価します。家庭にあるプリンター（インクジェットプリンター）や証明写真やプリクラなどをプリントするプリンターは10年ほどで写真の質が劣化しますが、私たちのプラットフォームサービスを使ってもらえれば１００年後まで質が落ちないことを付加価値とするために、最高水準の現像機にこだわろうと考えました。

２つ目の理由は、納品までのスピードが速くなることです。写真の現像を外注する場合、写真が出来上がるまでの時間は外注先の会社次第です。しかし、自社で現像機を持てばその時間を短縮できますし、私たちでコントロールできます。例えば、プラットフォームサービスの導入を検討中の顧客からは「どんな仕上がりかを試しに見てみたい」「1つデータを送るから試しにプリントしてみてほしい」といった相談を受けることがあります。そういうとき、外注に依頼するよりも自社でプリントしたほうが早く対応することができます。外注する場合だと、外注先の状況によって、いつ見本を送れるか分からないこともあります。

これは商機を逃すことになりかねません。起業したての会社や中小企業が大手に勝つための武器はスピードです。その武器を活かすためにも社内に現像機を持ってプリント業務を内製化することが大事だと考えました。

3つ目の理由は、同業他社に対する競争優位性が高まることです。プラットフォームサービスが評価されれば、遅かれ早かれ後発の競合が現れます。そのときまでに高品質の写真をスピード納品できる体制ができていれば、それが他社との差別化となり、参入障壁を高くすることにつながります。

そう考えると、高額であっても投資する不安はありませんでしたし、むしろ投資を後回しにして競合対策をしないことのほうが不安だと考えました。

先行投資で成長に向けた準備をする

設備については、予算の調整や導入効果の検証なども大事ですが、基本的な考え方として先行投資する意識が大事だと思っています。これは私がカメラマン派遣をしていたときの実感に基づく考えです。

カメラマン派遣の仕事では、最大で約50人のカメラマンを園のイベントなどに派遣していました。カメラマンのなかには、少ない機材で撮影をこなしながら、資金を貯めつつ機材を増やしていくタイプと、最初に機材を一式そろえて幅広い撮影に対応できるようにしようと考えるタイプがいます。

仕事を依頼する私の立場から見ると、依頼しやすいのは後者です。写真の質は、経験や実績などによる腕前とセンスも大事ですが、機材によっても大きく変わります。

アマチュア向けのカメラ1台で撮影するよりも、プロ向けの一眼レフやライトを用いて撮影するほうがきれいに撮れますし、顧客である園や写真の買い手である保護者も喜びます。さらにいうと、そもそも車を持っていない人には遠方の撮影は依頼できません。車は高額な買い物になるため、「資金ができたら車を買います」という考えをもっている人も少なからずいます。機材を少しずつ調達していくタイプはこういった考えになる人が多く、資金面のリスクを抑えるという点では有効な考え方だと思うのですが、見方を変えるとリスク回避優先で仕事をしていることが原因で、仕事を取り逃がしているともいえるのです。

つまり仕事を受ける準備ができているかどうかです。先に機材をそろえる人は、仕事を受ける体勢が整っています。仕事をする準備ができているから仕事が入ります。

現像機などの設備も同じです。困り事を抱える顧客にこういうサービスを提供するというイメージができていて、本気で実現したいのであれば、資金の面で多少のリスクがあっても、まずは設備の面で仕事が受けられる体制をつくり、顧客にアピールできるようにすることが大事だと思うのです。

こだわってつくる資料が認知度を高めてくれる

サービスの認知については、認知につながる資料などもそろえる必要があります。これは私が起業時から気掛かりだった部分です。

プラットフォームサービスの営業をしていくうえで、サービスの内容や特徴などをまとめた資料は当初からつくっていました。ただ、起業したばかりの頃は予算がありません。資金を使いたいものの優先順位として資料はどうしても低くなるため、パワーポイントで自作した資料しかつくれませんでした。言いたいことだけを乱雑に書き込んだ手作りのチラシを束ねただけのような資料で、顧客目線で見てワクワクするものではなく、読みたいと思うようなものでもなかったのです。

例えば、カーディーラーにある新車のパンフレットや高級ブランドのカタログなどは読む人がワクワクする資料の代表的な例で、紙質にも写真にもこだわっています。資料の質の良さが商品の質の良さを顧客に伝えますし、それらを見ることで商品が欲しい気持ちが昂ります。

そのような資料を参考にしながら、少しずつ資料にこだわり始め、途中からはプロのデザイナーに依頼して資料をつくるようにしました。営業したタイミングでは顧客は導入しないかもしれませんし、安っぽい資料はおそらく捨てられてしまいます。すぐに捨てられる資料はつくるだけお金の無駄なのです。

起業の相談などに来る人には、多少のお金を掛けてでも資料づくりは外注して、きちんとしたものをつくるほうがいいと伝えています。

特に起業したての会社や世の中にない新しいサービスを提案する場合、資料が安っぽいと会社もサービスも怪しいと感じられてしまいます。そのような先入観を避けるためにも顧客に渡す資料は会社を代表するものととらえて、しっかりつくり込むことが大事なのです。

資料を丁寧につくり込むことは、新人教育を簡素化することにもつながります。営業担当者となる新人は新卒、中途に関係なく自社のサービスの内容を理解する必要があります。その内容は一般的には先輩が教えますが、資料ができていればそれを読むだけでよく、時間と手間を抑えることができるのです。

顧客ごとに資料を細分化

資料づくりでもう一つ重要なのは、資料の質を進化させていくことです。営業をする主な目的はサービスを契約してもらうことですが、すべての顧客が契約してくれるわけではありません。特に新しいサービスは様子見になることが多く、不安を感じる顧客もいます。

そこで大事なのは不安の要因や契約に至らなかった理由を把握することです。その内容を顧客の生の声として資料づくりに反映することで、資料は顧客の不安を解消できるツールになり、結果として成約率も上がりやすくなります。それが資料の質を進化させるということです。

例えば、個人情報が漏れるのではないかと不安に感じている顧客がいれば、その意見を踏まえて、セキュリティ面について丁寧に説明する資料をつくります。セキュリティに注意しているので個人情報漏洩の心配はありませんと口頭で説得するより、こういう仕組みで対策しています、このシステムは安全ですといったことを分かりやすくまとめた資料を追加の補足資料としてつくり、それを見せるほうが、顧客の納得感が高まりやすいのです。

その考えに基づいて、私は顧客から不安の声を聞いたときに、その都度新しいチラシをつくってきました。料金体系が分かりにくいという声があれば、その点を細かく説明するチラシをつくり、団体の負担がどれくらい軽くなるか分かりにくいという声があれば、導入効果を図にするなどして分かりやすく説明するチラシをつくりました。小さな不安を逃さず対応してきたことで、補足資料としてのチラシは今では30種ほどになっています。セキュリティ、費用体系、導入効果など顧客が不安に感じていた点を踏まえたうえで、それらの対策を示すチラシを送れば、顧客は自分の不安をきちんと理解してくれたと思いますし、会社とサービスの信頼度も高まります。

また、資料の質を進化させていく際には顧客別に資料をつくり分けることも大事です。プラットフォームサービスの場合、サービス開始時のメインの顧客は保育園や幼稚園でしたが、その後、写真館、芸能事務所、イベント企画会社、結婚式場へと顧客のジャンルが広がっていきました。

提供するサービスの内容は同じです。いずれも顧客や顧客が依頼したカメラマンが撮った写真をプラットフォームにアップロードし、買い手がオンラインで注文する仕組みで、私はその写真を注文者ごとに仕分けて自宅に配送します。

ただ、その内容を説明する資料により、顧客の印象と理解度が変わります。例えば、園向けの資料は「園の先生が写真を撮る」ことを前提としてサービス内容を説明しますので、資料内の主語も先生になります。しかし、ほかの業界の顧客には先生がいませんので、資料の内容に違和感をもちます。別の顧客向けにつくった資料を使い回ししていることがすぐに分かり、そのせいで「我々の業務をよく理解していないのではないか」といった余計な不安を生んでしまうのです。

それを避けるために、顧客の業務に合わせた資料のアレンジが大事です。顧客の業務の困り事を顧客目線で書き、顧客を主語にした資料に修正するということです。

アレンジした資料が増えるほど資料の在庫も増えますが、そのひと手間に労力やコストを惜しまないようにすることで、サービス導入に向けて前向きに検討してくれる顧客が増えて、成約率も上がりやすくなります。その効果を考えれば、在庫をもつことのデメリットより契約を広げられるメリットのほうが大きいと思うのです。

認知度向上のための投資

新しいサービスは認知されるまでに時間が掛かります。プラットフォームサービスもサービスを立ち上げた当初は反応が薄く（まったくなかったといってもよいと思います）、軌道に乗せるまで5年ほど掛かりました。

これは新しいサービスの宿命であり、斬新で革新的なサービスであるほど認知されるまで待つことは仕方がないとは思いますが、ただ、その間にできることもあります。サービス認知のための資料づくりはその一つですし、ほかにも、会社やサービスを覚えてもらうためのブランディングができ、そのためのモノをそろえていくことができます。

私が取り組んだこととしては、まずはコーポレートカラーをオレンジに決めて、あらゆるグッズをオレンジで統一しました。また、企業のロゴをつくり、キャラクター（エミちゃんといいます）をつくり、それらが世の中の人の目に留まりやすいようにする施策として、オレンジ色でキャラクター入りのオリジナル封筒をつくりました。

ロゴの力は想像以上に大きいものです。例えば、街中を歩いていて赤い看板にMのマークを見れば、ほとんどの人がそこにマクドナルドがあると分かります。ハンバーガー店であることも分かります。もっと無意識に近いところでは、例えば配達の人がAmazonのロゴが入った段ボールを運んでいるのを見ると、意識して見ているわけではないのですが、Amazonのロゴが勝手に目に入り、誰かがネットで買い物をしたのだなと分かります。何百回、何千回と目にする光景を通じて、ロゴとサービスが頭のなかで勝手に結びつき、刷り込まれるようにして記憶されるのです。

　オレンジ色の封筒は、そのような効果を狙いました。私たちが納品する写真は納品先である保護者のほかにも、郵便局の人、配達の人、配達中に近くを通り掛かった人などの目に触れます。日本全国に向けて送る写真は、集配センターの人などの目にも触れます。その過程でオレンジ色の目立つ封筒を見てもらうことにより、サービス名を浸透させ、このロゴは写真の会社のロゴだという認知を高めていこうと考えたのです。普通の茶封筒で送るほうが費用を掛けずにできますが、宣伝費と考えればオリジナル封筒に掛かる費用の差分はコストパフォーマンスが良いと思います。キャラクターについても、プロのデザイナーに頼む費用は掛かりますが、キャラクターがいることでサービスがより認知されやすくなります。

そこに費用を掛けるのはモノを通じた戦略として重要なポイントといえます。最近ではサービスの正式名称は覚えていなくても、「オレンジ色の会社」として私たちが写真の会社であると認知する人も増えました。

認知が高まると営業もしやすくなります。何の会社で、どういう事業をしているかを説明することなく、プラットフォームサービスの特徴について話し始めることができますし、人の心理として、知らないものは不安、知っているものは安心と感じやすいため、よく見るオレンジの会社なら安心して話が聞けると感じ、警戒心ももたれにくくなるのです。

ブランディングは大手が参考になる

コーポレートカラーやキャラクターをつくる案は大手企業を参考にしました。大手といわれる企業や誰もが知っているサービスは、その存在を印象付ける色があり、キャラクターがいます。全国展開と、その先に海外展開を目指す私も、そのための準備として大手のようなブランディングをする必要があると考えたのがきっかけです。

コーポレートカラーについては、まずは自分たちがオレンジ色の会社であることを社内に周知させることを目指しました。そのための施策として、社内では事務の小物から社用車（オレンジ色のアクアです）に至るまであらゆるモノをオレンジでそろえ始めました。腕時計のベルトもオレンジですし、余談ですが、Amazonは商品を色別で探せるため、オレンジ色で検索して、さまざまなアイテムをそろえています。

そのようなこだわりは従業員にも伝わり、オレンジ色の事務用品などを見つけたときに私に報告してくれることもあります。仕事に関わるアイテムだけでなく、従業員の頭のなかもオレンジ色に染まっていくことで、ブランディングは世の中での認知度アップだけでなく、オレンジ色を共通言語の一つとして従業員の意識を一つにまとめていく効果も大きいのだと感じます。

キャラクターも同様に、SoftBankの犬をはじめ、有名な企業やサービスにはキャラクターがいると気づき、デザイナーからキャラクター案を募集しました。クラウドサービスで募集したところ２００件以上の提案があり、そのなかの1つを選び、さらに細かな点を微調整して出来上がったのがエミちゃんです。

ロゴもキャラクターも露出回数が増えるほど認知度が高まりますので、キャラクターについては封筒などに印刷するほか、ぬいぐるみなどもつくって周知に取り組んでいます。また、エミちゃんのプロフィールも細かく設定し、Twitterアカウントをつくったり、ＬＩＮＥスタンプをつくったりしながら目に触れる機会を増やしています。例えば、ＬＩＮＥスタンプはすでに第7弾まであり、社内のコミュニケーションツールとして使っているほか、取引先とのやり取りでも使っています。

ユーザー側での認知度も大事

ブランディングは、会社の成長イメージを明確に描くことが大事です。私は起業した当初から全国展開を見据えて、大手企業として発展していくことをイメージしました。そのイメージを踏まえて組織づくりを考えますし、コーポレートカラーやキャラクターづくりも大手に必要な施策としてとらえています。

また、コーポレートカラーやキャラクターをつくる場合、顧客に私たちのことを知ってもらうことが大事ですが、Cである写真の買い手の存在も大事です。これはB to B to Cのビジネスモデルの特徴的な点だと思います。

顧客が知らなくても、最終消費者である買い手が「オレンジ色の会社」と知っていれば、それがサービスを導入する際の説得力になり安心材料になります。サービスを導入する側としては、導入に当たってプラットフォームサービスがどういうものかを理解するだけでなく、その内容を利用者に説明しなければなりません。その際には顧客のメリットよりも利用者のメリットが重要ですので、このサービスによって手間が軽くなるという自分たちのメリットだけでなく、利用者にとって注文がラクになる、決済が簡単になるといったことを説明し、理解してもらう必要があるわけです。

導入しようと検討しているサービスが街中で見たことのあるサービスであれば、あの会社なら安心だろう、使っている会社が多そうだから大丈夫だろうと思ってもらえます。つまりブランディングは顧客による説得の作業をスムーズにすることへとつながります。新しいサービスは認知されるまでに時間が掛かりますが、ロゴ、コーポレートカラー、キャラクターの認知も時間が掛かるため、サービス開始時から取り組むのがよいと思いますし、並行して取り組んでいくことでサービスもロゴも会社も認知が高まり、「あの会社ね」「あのサービスね」と浸透するスピードも速くなると思います。

会社の未来をイメージしてオフィスを用意

モノを通じた準備という点では、快適に仕事ができるオフィスをもつことも大事だと思います。プラットフォームサービスを立ち上げて以来、会社は何度か引っ越しをしています。従業員が増え、営業活動が活発になったことにより、依頼が増え、さらに従業員が増えるといった繰り返しのなかで、既存のオフィスが手狭になり、その都度、より広いところを探して引っ越しをしてきました。

現在のオフィスは大宮駅から歩いて1分の場所にあるオフィスビル内にあります。2年ほど掛けて物件探しをした結果、運良く新築のオフィスビルができるという情報を得て、265坪のワンフロアをオフィスにすることができました。

現在の従業員数は80人弱です。ただ、会議などで使うための椅子などは100脚用意しました。また、フロアは図面上では約150人の人が働けます。従業員の固定のデスクがなく、仕事内容や気分に合わせて、働く場所や時間を自由に選ぶABW（Activity Based Working）のスタイルとしましたので、約180人は働けるだろうと思います。

80人の会社には広すぎると思うかもしれませんが、これも事前準備です。私は事業を全国展開できたことで、その先として海外展開も構想しています。また、そのゴールから逆算し、到達するためのステップとして株式上場を見据え、会社の規模としては従業員100人、売上100億円を通過点に設定しています。

最も手前にある従業員100人のステップを通っていくためには、100人が働ける場が必要です。そのための準備として250坪超のオフィスを探しました。また、海外展開という大きな目標を達成するためには優秀な従業員を獲得していく必要があります。そのための施策として採用試験では5次試験まで行っていますが、モノという点でも、例えば、オフィスが駅前にあるほうが人が集まりやすいですし、働きやすい環境をつくることで従業員の定着率も上がります。そのような点でも、分不相応に感じるかもしれない広いオフィスは先行投資であり、会社の発展に向けた準備だと思っているのです。

従業員のためのオフィスをつくる

新オフィスへの移転を考える際、私はオフィスのコンセプトの一つとして、従業員のためのオフィスにしようと考えました。もともと私たちの業務は来客が少なく、オフィスは従業員がメインで使う場です。商談に来る人などの目を気にする必要がないため、従業員にとって最適な職場にしようと考え、従業員には欲しい設備、理想的な職場の条件などをアンケートで聞き、それを踏まえて一から設計を練りました。

例えば、社内にはトレーニングジムがあります。私がトレーニング好きだからというわけではなく、従業員のなかにも移転前から個人でジムに通っている人がいたため、彼らの意見を聞いてジムをつくることにしました。これは経営の視点では健康経営にもつながるものです。

そのほかの工夫としては、私語禁止の集中ルームをつくったり、着替えるための更衣室をつくったり、フロアのあらゆる場所を従業員の声を基にしてつくっています。更衣室は、女性が気兼ねなく着替えられるようにするために必要でしたし、自転車通勤の従業員が雨に濡れた服を着替えるときにも使ってもらっています。

新卒から出た意見として、周りの先輩などと早く親しくなれる環境が良いという意見もありました。そこで、昼食を食べたりするときに従業員が集まれるカフェテリアのような場をつくり、それが部署を跨いだ交流づくりにつながっています。

大宮駅前という立地を活かして、従業員が友達との待ち合わせに使えるようなオープンスペースもつくりました。従業員の友達は顧客ではありませんが、私たちや私たちのサービスを知ってもらうきっかけになります。

オフィスは仕事をしやすい環境であることが大事で、そのためには効率や動線を考える必要があります。ただ、その点にばかり注目すると、無機質で無駄のないオフィスになります。ワクワクしながら仕事に取り組むためには、職場もワクワクできる場であることが大事だと思います。

そのためには、従業員が仕事をするために必要なものだけでなく、従業員が欲しいものをそろえ、楽しく快適に働けるようにすることもモノという点では大事です。そのような環境をつくることで仕事が楽しくなり、会社が好きになれば、モチベーションも高くなり仕事のアウトプットも向上するはずだからです。

コミュニケーションを取りやすい環境

職場環境を整えることはヒトと事業の成長を促すことにもつながります。例えば、新オフィスは２５０坪という広さだけでなく、２５０坪がワンフロアであることにもこだわりました。

不動産会社によると、これはかなりの難題なのだそうです。30坪や50坪といったオフィスは簡単に見つかります。これくらいの広さで活動している会社は経営のサイクルでいうところの発展期や成長期にいることが多く、会社が大きくなっていくときに広いオフィスに引っ越していきます。回転が速いため空き物件も出やすいのです。

一方、２５０坪くらいの広さになると、入居している会社は大きな企業がほとんどです。このタイプの会社は経営サイクルの安定期にいるため、何か特別な事情でもない限り退居しません。空き物件がほとんど出ないため、見つけにくいのです。

また、広いオフィスになるほど入居のための審査が厳しくなります。実際、今のオフィスを見つける前に１つ条件に合う広いオフィスがありましたが、そのビルは上場企業にしか貸さない方針だったため諦めるしかありませんでした。

そのような背景を踏まえて、不動産会社からは１００坪超のオフィスを２つ借りれば合計で２５０坪にできますという提案を受けました。しかし、私はワンフロアにこだわりました。

その理由は、ＡＢＷの考え方を取り入れてオフィスをワンフロアにすることによって雑談が生まれやすくなり、コミュニケーションが活発になることで新たな事業のアイデアも出やすくなると考えているからです。

コロナ禍以降はリモートで仕事をする機会が増えました。通勤時間がなく、ちょっとした会議などであればリモートで十分に事足りる環境は働き手にとって効率的ですし、リモート環境が技術的な面で発達するとともに、働き手の意識としてもリモートワークへの抵抗感がほとんどなくなっています。

ただ、対面には対面の良さもあります。例えば、リモート会議は議題に直接的に関連する必要最低限の発言だけで進んでいきますが、対面の会議は、会議時間の前後も含め、雑談する機会が生まれます。そこでお互いの仕事の近況を把握したり、ちょっとした相談をしたりできます。わざわざリモート会議を設定したりメールで送ったりするほどのことではないことが、対面でコミュニケーションできる場であれば相談できます。それが案外、仕事上の課題解決や新しい事業アイデアにつながったりすることがあるのです。

また、リモート環境での仕事は、自分の仕事上で関わっている人以外との接点が生まれません。その点、対面の場であれば隣の部署が何をしているか、どんな雰囲気で働いているかを見て、感じることができます。楽しそうに笑っている様子を見れば、何で笑っていたのか知りたくなり、そこで会話が生まれます。従業員同士の接点が増えることで、会社としての一体感や従業員同士の仲間意識が醸成されやすくなります。

そのような効果を得るためには、同じ空間で、同じ空気を共有できる環境が必要であり、ワンフロアであることはそのための条件の一つといえます。お互いの距離が物理的に近くなることで相談したり不満を聞いてもらったりする機会も増えやすくなり、目的をもって働いている人と会話することでモチベーションが高まったりする効果も生まれます。その結果として居心地が良くなれば従業員の定着率も高まりますし、生き生きと前向きに仕事に取り組める組織になると思うのです。

環境の良さを発揮できる施策を考案

モノの観点からは少しずれますが、ワンフロアで従業員同士のコミュニケーションが良くなる効果をさらに高めるために、社内では卓球大会を開いたり、社長と従業員が昼食を一緒に食べる社長会食の機会をつくったりするといったコミュニケーションの場をつくることにも力を入れています。

卓球は、チーム制で参加する大会を開催したこともあります。熱心な人のなかには昼休みや就業時間後に練習しています。

この大会の狙いの一つは、仕事とは直接的に関係ない新たな交流が生まれることです。仕事上では関わることがなくても、卓球で同じチームになった人とは交流が生まれます。同じ部署の従業員がトーナメントを勝ち抜いていけば、応援したくなりますし、そこで一体感が生まれます。

私との昼食会も同じで、参加メンバーは各部署から1人ずつランダムに選びますので、その場での会話を通じて隣の部署がどんな仕事をしているか知ることができますし、お互いの人となりも分かります。

従業員のコミュニケーションを良くするという点では、私はありがとうをもらうことを起業の動機とし、それを会社の目的に掲げてきましたので、従業員の間にその価値をさらに浸透させたいと思っています。そこで用いるのが、従業員同士でありがとうをやり取りするありがとうカードです。

日々の仕事では、誰かに助けてもらったり、アドバイスをもらったりすることがあります。そのときに口頭でありがとうを言う人も多いのですが、間接的に助けてもらった場合はありがとうが言えず、そのまま言いそびれてしまうこともあります。あらたまって感謝することを恥ずかしいと感じる人もいます。

そのようなときに、あの人に助けられた、あの人のあのサポートがありがたかったと私に伝えてくる人が多く、直接伝えられる仕組みをつくろうと考えました。そこで、ありがとうカードの入力フォームをつくり、感謝する相手と感謝の内容を書き込めるようにしました。それを受けて会社はありがとうカードを印刷します。季節などによってキャラクターやイラストが変わる、写真のL版と同じサイズのカードで、それを私が郵便屋のような役割として代わりに渡しに行きます。

このカードをやり取りすることで、感謝したい側はその気持ちを伝えられますし、感謝される側も自分の行動を見てくれていたと気づきます。感謝されてうれしくない人はいませんので、従業員同士の関係性も社内の雰囲気も良くなります。

設備の導入やオフィスの移転といった投資と比べると小さな施策ですが、会社の価値観を根づかせるという点ではこのような取り組みを連動させることも大事です。仕事をする目的は人それぞれですが、収入が良くても人間関係が良くない職場は精神的な負担になります。居心地が良いと感じれば定着率も高くなりますし、新たに入ってくる人にも、ありがとうを大事にしている会社であることが伝わりやすくなります。

負債のリスクより時間を買うメリットを重視

ヒト、モノ、カネのカネは、モノの話とも連動しますが、会社の発展や従業員の成長のための準備として先行投資することが大事です。今を生き延びるために使うお金は使って終わりですが、5年、10年後の未来をつくり出せるお金であるならば、それが借金（融資）であっても前向きに使うのがよいと思っています。

起業家や経営者のなかには融資を受けずに自己資金だけで会社を発展させていこうと考える人がいます。無借金経営は債務リスクがありませんので、健全な経営と見ることもできます。

一方、融資には時間を買えるというメリットがあります。設備導入の資金を貯めるために5年掛かる場合、会社の発展も5年待たなければなりません。しかし、融資を使えばすぐに設備が手に入ります。私の会社を例にすると、１台１５００万円の現像機は２０１４年に融資を使って導入しました。その後の数年間で、顧客数が増えて事業が発展しました。現金主義、無借金経営でいこうと考えていたら、この発展はありませんでした。特に世の中にない新しいサービスはサービス開始を急ぐことによって先行者利益を得ることができるため、その点でも借金のリスクより事業を発展させる機会を逃すリスクを重視して考えることが大事です。

また、心理的な面では、融資を受けることによって返済の責任感が生まれます。返済していくためには事業を発展させなければならず、そのために努力する自分を奮い立たせるという点でも、背水の陣の覚悟をもって融資を受けることは大事だと感じます。

世の中に必要とされるサービスは必ず売上や利益を生み出しますので、返済を心配する必要もありません。見方を変えると、融資を受けるということは自分がつくり出したい事業に自信があることの表れだということです。このサービスは世の中に必要だと自信をもって言い切れるのであれば融資は積極的、戦略的に活用するほうがよいですし、自信がないのであれば融資は受けないほうがよいといえます。

信用を築いて融資を受けられる状態をつくる

準備という点では、実際に融資を受けるかどうかよりも、次のチャンスがいつ来ても資金面で対応できるように、融資が受けられる状態にしておくことが大事です。会社を発展させていくためには、起業するときの設備投資だけでなく、会社の発展過程での追加投資も必要です。事業が拡大していくことによってヒトを増やしたり設備を増やしたりする必要があるかもしれませんし、新たな事業を始めるチャンスに恵まれたり、自己資金では賄えない規模の事業を思いつき、そのために資金が必要になったりすることもあります。経営者はそのような展開を想定しつつ、資金調達の手段をつくっておくことが大事です。そのための方法として、私は手元の自己資金があるときに、あえて金融機関から融資を受けて信用を築くようにしていました。

きちんと返済していけば信用が増して、融資を受けられる金額が増えます。自己資金があり財務的に余裕がある状態なら返済に困ることもないため、今は資金が必要ではなかったとしても、また、返済しながら多少の利息が掛かるとしても、将来的に融資を受けやすくし、時間を買うメリットを得るための準備として融資を受けることが大事だと考えたのです。

人柄も見られている

融資を受ける際には、自分から融資を申し込む場合も、金融機関の営業担当者から借りませんかと声が掛かった場合も、事業計画書をつくる必要があります。融資の審査を通るためには事業計画書の内容を分かりやすくすることが大事です。また、金融機関との信頼関係を強くしていくためには融資を受けたあとのやり取りも大事だと思います。

例えば、私は融資を受けている金融機関に対して、定期的に事業の現状を報告しています。業績はどうだったか、その前と比べてどれくらい伸びているか、今後の目標としてどんなことを想定しているかといったことを伝えています。着実に返済することはもちろんですが、そのようなやり取りが加わることで、金融機関の担当者に「この人（会社）なら安心して貸せる」と思ってもらうことができます。

金融機関の担当者は、融資の判断材料となる事業計画書などだけでなく、経営者の人柄なども見ているものです。時間を守る、約束を守る、嘘や隠し事をしないといったことはもちろんのこと、オフィスの様子、従業員の様子なども含めたさまざまな点に注目しながら「この人は信用して大丈夫か」「この会社にお金を貸せるか」といった判断をしています。

どんなサービスも最終的にはヒトが重要です。プラットフォームサービスはそのサービスを提供する人の思いや姿勢が大事ですし、金融サービスにも融資を審査し、判断する担当者の思いや姿勢があります。そのことを踏まえて、金融機関と会社という関係性だけではなく、人と人の関係性を強くしていくこと、また、そのために事業の現状を報告するといったやり取りが大事だと思うのです。

金融機関の担当者をファンにする

事業計画書などのように書面で分かる部分だけでなく、自分の事業の可能性や魅力を金融機関の担当者に伝えることも大事だと思います。簡単にいえば、金融機関の担当者を自分の会社のファンにするということです。

金融機関側は、今の業績や財務状況などを見て融資するかどうかを判断します。この今の側面を見せるのが事業計画書や財務諸表です。一方、会社にはそれぞれ発展の可能性があり、その大きさは会社によって異なります。今の状態だけを切り取ってみると売上額や自己資金比率などがまったく同じでも、成長している市場で事業をしている会社と衰退している市場で事業をしている会社とでは将来の可能性が変わるはずです。金融機関の担当者にも、その可能性を感じてもらうことが大事ですし、感じてもらうためには伝えなければなりません。

幸い、プラットフォームサービスの事業内容は金融機関の担当者に伝わりやすく、可能性を感じてもらいやすいサービスです。保育園や幼稚園の壁貼り展示で写真を買った経験がある人が多いため、デジタル化で便利にするビジネスモデルが理解されやすいのです。

金融機関の担当者とやり取りする際には、壁貼り展示で不便に感じたことはないですか、いちいち出向いて注文するのが大変ですよねといったふうに聞き、その負担をなくすサービスですと説明することもあります。その説明があるだけで金融機関の担当者は事業内容を理解してくれますし、安心感も高まります。人間の基本的な心理として、知らないものには不安を感じ、知っているものなら安心します。金融機関の担当者も、事業内容がよく分からない会社には融資することに不安があります。その不安を解消するためにも事業内容について知ってもらうことが大事です。

また、プラットフォームサービスによって世の中が便利になるイメージをもってもらえれば、事業の可能性を感じとり、融資する際の安心感もさらに高まるはずです。

面白そうだと思えば応援してくれますし、ファンになってもらえます。融資をする側と受ける側という関係にとどまらず、融資担当者が応援したいと思う会社になることが大事ですし、その関係性を築いていくことで会社にとっては発展のために協力してくれるパートナーになるだろうと思います。

第5章

会社を発展させるために
課題発見力と課題解決力を磨く
自走型組織を構築し、進化し続ける会社を目指す

起業はゴールではなくスタート

事業は常に課題ドリブン、つまり新たな課題を発見し、解決することの繰り返しによって発展していくものです。課題の大小や複雑さにかかわらず、あらゆる課題の発見と解決が事業の種になります。

また、起業してからも時代や市場など外部の環境の変化や会社の発展や拡大によって、新たな課題が生まれます。組織づくりや部署間のコミュニケーションの問題など、起業したばかりの頃は考えなくてよかったことが、会社が大きくなる過程では新たな課題として出てくるものなのです。

そのような課題を継続的に見つけ出し、解決していくことで会社は成長します。人気のレストランが少しずつメニューや味を変えるように、あるいはiPhoneのＯＳが少しずつアップデートされるように、小さな課題を解決するマイナーチェンジを積み重ねることが会社の継続性と成長性を高めることにつながり、その点から見ると起業は課題の発見と解決に取り組んでいくためのスタートといえます。

課題を見つけるためにはアンテナが大事です。世の中にある「困った」「面倒」「大変」「こうなったらいいのに」といった声を拾うアンテナを広げる必要がありますし、「どこかに課題があるはず」という意識を働かせれば、そのような声も拾いやすくなります。

アンテナを張っているつもりでも課題（や、課題があることを示す不満や不安の声）が拾えないのであれば、その原因は2つ考えられます。1つは、アンテナを広げる場所が悪いこと、もう1つはアンテナの質が悪いことです。

現場での雑談で課題を掘り起こす

場所については、ほとんどの課題は現場に落ちていますので、現場に出向いてアンテナを張らなければなりません。例えば、ユーザーの声を聞けば、サービス改善につながるヒントがもらえます。これはインターネットで検索しても見つからないヒントです。

また、現場では顧客から課題を聞き出すのが理想ですが、ここが分かりにくいといった直接的な課題を聞けるとは限りません。使いづらいと感じていたとしても、「そういうもの」と割り切っていれば、その不満は表に出ることなく、改善のヒントにもなりません。

そこで重要なのが雑談です。例えば、サービスの利用状況などについて話していくなかで、ふと「ここがもうちょっと使いやすければ……」といった話が出てくることもあります。まったく別の話題のなかで、「あのサービスは、この機能が便利だよね」といった話が出て、その案を真似ることが改善につながることもあります。

このようなコミュニケーションができるのが現場での対面の会話であり、雑談だと思います。わざわざメールにして伝えるほどのことではなく、ここを改善してほしいと指摘するほど深刻でもなく、打ち解けた雰囲気のなかでの雑談でふと漏れること、課題意識をもって聞いていなければ聞き逃すかもしれない些細なことが、改善のヒントになるものなのです。

また、そのようなヒントを引き出すための会話も大事です。例えば、改善案がある場合は「ここを変えたら便利に使えるようになるか」と聞いてみることができます。「どこか不満はありませんか」「使い勝手が悪いところはありますか」と良くないところの有無を起点にして聞いても、おそらくヒントになるような答えは出てきません。手ぶらの状態で話を聞くのではなく、改善につながるかもしれない提案や質問をもっていくことで、相手は答えやすくなり、雑談を通じたヒントも出やすくなるだろうと思います。

改善に向けた社内でのコミュニケーションも同じで、雑談から良いアイデアが浮かぶケースが多いと思います。また、自分なりの改善案を考えつつ雑談に臨むことも大事です。

例えば、このボタンの位置が分かりにくく感じる、このページの文字が読みづらく感じるといった自分なりの課題があれば、ちょっとした雑談でも建設的な会話になり、その話を誰かにしてみることで改善のヒントが得られることもあります。

自分も周りの人たちも、就業時間中にいつも切羽詰まっているわけではなく、少しのゆとりを大切にしています。仕事のことを考えつつ、ちょっとした息抜きになるのが雑談で、そのときに質問を受ければ協力しよう、自分も何か案を考えてみようと思います。その小さなコミュニケーションがサービス改善につながり、それが積み重なることで事業の発展につながっていくのです。

感度が低いアンテナは意味がない

課題が拾えない２つ目の原因はアンテナの質で、課題に対する反応の感度が良くないということです。

アンテナの質は興味の有無によって変わると思っています。例えば、お腹が空いた状態で街を歩いていると飲食店の看板がやたらと目に入るようになります。おいしそうな匂いにも敏感になります。「こんなところにイタリア料理店があったのか」「ここのカレー店は繁盛しているな」など、お腹が減っていないときには気づかなかったことに気づきます。

これが、アンテナが敏感になっている状態です。お腹が減ったという課題を抱え、食べることへの興味と関心が高まっているため、アンテナが反応しやすくなるのです。

仕事の話に戻すと、自分が扱っているサービスに興味があるほど、そのサービスが役立ちそうな課題に目が向きやすくなります。例えば、自動販売機を設置する人は、道端にあるちょっとした隙間を見つけたときに、ここならあのサイズの自販機を置けそうだ、ここに自販機があったら喜ぶ人が多いかもしれないなどと考えるだろうと思います。営業担当だから、マーケティング担当だからといった役回りとは関係なく、常にアンテナが受信可能な状態になっているため、ちょっとした隙間に自然と反応するわけです。

自分の仕事や自分が提供しているサービスのことが頭のなかにあれば、おそらく常にアンテナは受信可能になっているはずです。無理に仕事のことを意識するわけではないため、ちょっとした隙間のことが気になってもストレスにはなりません。むしろ喜んでくれる人がいるかもしれないとイメージが湧き、そのことにワクワクできるため、楽しく感じます。

「アンテナを広げる」「広げよう」といった表現をよく耳にしますが、細かな課題を見つけ続けるためには、アンテナを「広げる」のではなく、常に広がった状態になっていなければなりません。アンテナを広げるという人は現時点では閉じているということですし、課題を発見できる人は常にアンテナが広がっていますので、あえて広げるとはいわないのです。そういう感覚になったことがないという人や、広げようとしないとアンテナが機能しないという人は、もしかしたら今の仕事や自分が扱っているサービスが向いてないこともあります。その場合は、究極的には別の仕事を探すのがよいですが、まずは課題を見つける前に、自分が扱っているサービスの良いところはどこか、誰に、どんな価値を提供できるのかを整理して、そのサービスについての関心を高めることが先決だと思います。

オフの過ごし方を振り返る

自分のアンテナの感度を知るためには、仕事以外の時間にどんなことをして過ごしているか振り返ってみるとよいと思います。

仕事中はほとんどの人がアンテナを張っています。顧客やサービスや社内のことを意識していますので課題も発見しやすくなります。

最近はワークライフバランスという言葉の浸透とともにオンとオフの切り替えを意識する人が増えました。人生を豊かにするうえでオフの時間を充実させることは大事だと思います。

ただ、将来起業するのであれば、オンとオフの話とアンテナの話は分けて考える必要があります。アンテナは勝手に受信するものです。意識していない状態でも、誰かが困っていそうな光景が自然と目に入り、困った、面倒だといった声が自然と耳に入ってきます。

私の場合、街に出たり旅行したりすると写真を撮っている人の姿が目に入ります。あの人たちは写真をどうやって共有しているのだろう、何か困り事はないだろうか、日常的に撮る写真をプラットフォームにアップロードできるようになった場合、世界はどう変わるだろうか、といったことを取り留めなく考えてしまいます。アンテナが広がっているため、プラットフォームサービスと関係しそうな光景や声が自然と入ってくるのです。

仕事を頑張ろうという意識はオンにしたりオフにしたりできますが、将来的に起業を考えている人などはアンテナそのものがオフになりません。仕事中と退社後、平日と休日といったことに関係なく、アンテナが勝手に反応し、課題のヒントを受信してしまうものなのです。

仕事中以外や休日はまったく課題に目が向かないという人は、仕事をすることの価値を掘り下げると、アンテナの感度が変わるはずです。

相手が喜ぶ顔をイメージできるか

仕事をする姿勢としてお金や生活のためと考えることは否定しません。社員にもプライベートな時間に仕事のことを考えようと指示しているわけではありませんし、私自身も四六時中プラットフォームサービスの普及を考えているわけではありません。

ただ、そのアンテナでは課題は発見できません。仕事が課題の発見と解決によって成り立っていると考えると、そのアンテナでは仕事ができる人にはなれず、結果としてお金を得たり生活がラクになったりする可能性も小さいと思います。起業を考えているのであればなおさらです。

また、課題の解決は利他的な行動ですから、そもそもの考え方として誰かの役に立つ（私の場合でいえばありがとうをもらう）意識が根底にあるかどうかも重要です。

例えば、誰かにプレゼントをしようと考えている人は、何が喜ばれるか、どうやって渡したらいいだろうかなどと考えます。サプライズで渡す計画を練り、この日に、こんなふうに渡そうとイメージが膨らみ、ワクワクします。そのような気持ちになれるのは、相手に興味があり、相手に喜んでほしいという利他の心があるからです。

仕事も同じで、課題解決したときのことを利他的な視点でイメージできるかどうかが大事です。お金や生活のために働くことが悪いとはいいませんが、その場合の報酬は給料で、もらえるのは月に1日だけです。一方、利他的な視点で課題解決を考える人は、オンオフに関係なく喜んでもらったときをイメージしてワクワクでき、ありがとうという言葉をもらってうれしく感じ、さらに給料ももらえます。その点でも、オンオフに関係なく反応するアンテナが大事だと思うのです。

社長は現場と距離をおく

会社の発展のためには、課題の発見と解決ができる人を増やすことが大事です。また、課題の発見と解決が社内の至るところで行われ、自走する組織づくりに力を入れる必要があります。

従業員数が少ないうちは、彼らと密に話をしながら一緒に課題を解決していくことができます。従業員の課題発見力が弱かったとしても、社長が自ら課題を見つけ、そのための解決策を考え、具体的な業務を従業員に振り分けることもできます。

しかし、会社の規模が大きくなるとコミュニケーションが取りづらくなり、距離が生まれます。私は従業員数が20人を超えたくらいから組織づくりが必要だと感じました。社長一人が会社を引っ張っていくのは、もう少し頑張ったとしても30人くらいまでの組織が限界だと思います。

世の中を見ても、例えば学校のクラスなどは30人くらいが上限です。クラス全員の顔と名前を覚え、先生一人で引っ張っていくのはそれくらいが限界なのです。会社をさらに発展させていくためには、従業員のなかで複数のリーダーを育て、従業員同士で課題解決できるようにしていく必要があります。

時間的、体力的にも社長一人では経営と現場の両立は不可能だと思います。私自身、起業当初はありとあらゆることをやらなければならず、経営に集中して考えることができませんでした。大家族の母親と同じで、家に子どもが10人もいたら母親が自分のための時間を取ることはできないのです。

また、社長中心の組織はあらゆる判断を社長が行うことになります。新しいサービスを世の中に出していく際にはスピード感が大事です。稟議の背景から一つずつ読み込み、意思決定していくやり方は時間が掛かります。さらに、社長の出張中は何も進展しなくなってしまいます。

言い換えると、社長が常に現場で走り回っているようでは、会社は発展しないということです。大企業の社長に話を聞いても、ほとんどの人が「現場のことは分からない」と言います。起業して間もない頃、私は現場のことを熟知していましたので、この差が意味するところは何なのだろうと思いましたし、それで会社が回るのだろうかと不思議に思いました。しかし、今はその言葉の意味が分かります。

社長の役割は、一言でいえば未来を決めることなのです。不確定要素が多い社会のなかで、会社の方向性を決めたり戦略を練ったりする舵取りの役割を果たさなければなりません。そのためには現場のことは現場に任せて、社長は社長にしかできない仕事をする必要があります。「現場のことは知らない」という言葉の裏には現場への権限委譲がきちんと完了している、だから自分が現場を知らなくても仕事が回るという意味があり、それが大企業の強さなのだと分かったのです。

権限委譲でスピードを速くする

会社の成長のためには社長が現場と距離をおくことが大事だと気づき、また、ちょうどそのタイミングで会社の規模が30人近くになっていたこともあって、私は権限委譲を前提とした組織づくりを心掛けるようになりました。

理想としては、現場が必要だと思ったことを、必要だと思ったタイミングで実行できる体制にすることです。ネットショッピングで必要なものを見つけたら、すぐにポチッと押せるくらいのスピード感が理想です。そのためには、最終判断や、判断基準をつくる役割は社長がやるにしても、社長決裁に回す稟議は現場で検証して絞り込んだり、ある程度の権限を現場の役職者に与えたりする必要があります。

個人の心理としては、現場の業務から遠ざかり、従業員との間に距離ができることは寂しく感じます。コミュニケーションの道筋も、社長からマネージャー、マネージャーからリーダー、リーダーから新人などの従業員といったように変わっていきます。ただ、自分が現場に出てしまうとマネージャーやリーダーがいる意味がなくなってしまいます。彼らの役職者としての成長を促すという点でも、私はあえて現場と距離を取るようにしていますし、現場で課題に取り組むより、彼らが成長し、会社全体が育っていくことを楽しめるようにならないといけないのだなと思うようにしています。

自走化する組織づくりを目指し始めて気づいたのは、従業員一人ひとりには実は主体性があるということです。社長があらゆる業務に関わり、判断する権限をもった状態だと、従業員は「これはどうするか」「あの件は進めていいか」と聞いてきます。しかし、権限委譲してある程度のことを自分たちで判断し、実行できるようにすれば、従業員は自分たちで考え、行動するようになります。つまり社長に頼れる環境が自主性を発揮しづらくしている要因であるということです。

社長としては、自分があらゆることに実権をもって動かせることもうれしいですし、従業員が頼ってくれるのもうれしいことです。その環境に慣れると自分がいなければ組織が動かないと錯覚しますし、実際、自分がいなければ動かない組織になっていきます。

私自身も、起業したばかりの頃はその状態でした。ビジネスモデルづくりも制度づくりも私が率先して行ってきたため、あらゆる判断や施策について、従業員があとからついてくる構図になっていました。

この状態が続いている限り、社長不在では動かない組織になりますし、従業員が会社のことを自分事としてとらえ、主体性をもって組織をつくっていく自立型、自走型の組織にはなりません。

実際は社長がいるから動かないだけで、いなかったら自分たちで最適な案を考えるようになります。自主性がある人や、他責にせずに自分で考える意欲がある人を採用することが前提ですが、従業員の主体性を伸ばしていくのであれば、彼らに任せて権限を委譲する経営者側の覚悟も必要だと思います。

全社で価値観を共有する

組織づくりで重要なのは、社長が中心となって行っていた課題の発見と解決の取り組みを全従業員ができるようにすることです。そのためには、まず自分たちの仕事が課題の発見と解決であるということを認識してもらう必要があります。それは私の表現ではありがとうをもらうことであり、そのことを理解してもらうか、あるいは理解できる人を採用することが大事です。

また、課題は現場に落ちていますので、課題の見つけ方を従業員が覚えて、実践できるようにする必要があります。新人が入ってきたときには新人も課題を発見できるようにならなければならず、そのための方法は先輩従業員が教えられるようにすることが大事です。

従業員の役割は、究極的には課題解決の方法を考え、実行することだと思います。パートであれば指示された仕事をきちんとこなすだけでも十分に評価できますが、社員の場合は考えることが求められます。

会社の役割は、従業員の仕事が課題解決であるということを踏まえて、評価制度をつくり、育成の仕組みをつくることです。また、私は入社後の教育には限界があると考えています。社風や会社の考え方に合わない人は入社後の教育でもたいした変化が期待できませんし、その手間と時間を考えるのであれば、会社に合う人を採用するほうが会社を発展させていけると考えています。そのため、採用の仕組みをつくり込むことも重要だと思っています。

採用という点では、組織が洗練されて自走するようになれば、より優秀な新人が入社してくれるようになるはずです。むしろ、優秀な新人が入ることを想定し、彼らが

「こんな程度の会社だったか……」と辞めてしまうことがないように、課題発見に取り組む従業員の能力を高くしていく必要があります。

一人ひとりが主体性と使命感をもって仕事をしていれば、また、その根底のありがとうをもらうという目的が共有できていれば、新人も会社の右肩上がりの成長についていこうと努力してくれますし、中堅社員はその勢いを良い意味で警戒してさらに努力します。そしてその結果として組織全体が発展していきます。その過程では、努力が嫌だ、面倒だと考える人は居心地が悪くなり、去っていくのです。

努力しないことが悪いという話ではなく、努力したいと思っている人たちの組織になじめるかどうかという話です。私は経営方針として課題解決によってありがとうをもらう活動に前向きに、ポジティブに取り組める人を集めたいと思っていますし、そういう人と仕事をしたいと考えています。重要なのは組織としてどういう方針を掲げるかで、その方針を実現するために採用計画の立案や評価制度を設計していくことが大事だと思うのです。

後出しジャンケンをなくす

会社が目指す方向性に合致した人が正しく評価され、順当に昇進していく評価制度は自走する会社に発展していくために不可欠なものです。

評価制度で問題になるのは、評価のポイントがあいまいだったり、制度に書かれている内容と実際の評価が異なったりする場合です。制度の内容としては売上への貢献を重視するとあり、それを目標として成果を出したにもかかわらず、マネジメント力が足りないから評価しませんといわれたら誰もが不満を感じます。そのような後出しジャンケンをいかに減らすかが評価制度のポイントだと思います。また、後出しジャンケンを減らすためには、会社が求めることを明文化し、従業員にはその内容を理解してもらい、お互いの認識を合わせることが大事です。

そのための施策として、私は会社の考えや従業員に求めることなどを分かりやすくまとめた経営計画書をつくり、従業員に配っています。経営計画書の内容には、前期の結果や今期の目標、今後のスケジュールなどがあります。また、今後のスケジュールを踏まえて、各部署にどんな役割を期待しているかもすべて書き出しています。

会社の価値観を深く知ってもらうという点では、例えば、ワンフロアのオフィスに移転した狙いや、創業時から大切にしている価値観、前期を振り返って弱いと感じたところなどを社長のコラムとして入れ込んでいます。これを全従業員に配り、従業員は日々の仕事で判断に迷うことがあったときに参照したり、部署を跨ぐ会議で使ったりしています。

また、日々の仕事で必要な細かなルールなどについてもすべて決め、経営計画書に書いています。例えば、社内の資料で使っていいフォントも指定していますし、大きさや色も決めています。数字に関する内容なら、ポジティブな場合は青、ネガティブな場合は赤で書くと決めています。青と赤も、それぞれこの青、この赤と決めていますし、コーポレートカラーのオレンジについても、カラーコードを指定して、オレンジ色に決めた理由なども書いてあります。

要するに、経営計画書は経営の方向性を示すものであると同時に、日々の業務の手順書でもあるということです。資料づくりのフォントなどが決まっていれば、作成時にどのフォントにしようか迷う必要がなく、その分だけ時間と手間を抑えることができます。資料の見え方を統一することによって見る側もラクですし、赤字で書かれたところを見ればすぐに問題も把握できます。

あらゆることが1冊にまとまっていますので、日々の業務に関しては私が不在でも滞りなく進めることができます。会社としては後出しジャンケンをなくせますし、この1冊にほとんどの答えが入っていますので、従業員も自分で問題を解決することができるようになります。すべて伝え、分かりやすくすることが自走化のために必要なツールの条件だと思います。

キャリアパスを描ける制度をつくる

評価制度の内容もできる限り明文化し、分かりやすくしています。例えば、会社の評価としては、これとこれができるようになったらリーダー職、この部分までできるようになったらその上の役職といったことを決め、従業員に共有しています。また、それぞれの役職についての年収帯も公開しています。

そのような内容をあらかじめ決めておくことで従業員はキャリアパスを描きやすくなります。また、求められている業務と自分ができる業務とのギャップを認識しやすくなり、不足している能力などについて1on1の面談もしやすくなります。

一方、従業員には個人目標を立ててもらいます。役職者の場合は部署の目標を掲げてもらいます。会社が求める業務の質と個人、役職者の場合は部署の目標への取り組み状況を両方から見て、最終的に評価する仕組みです。

キャリアパスという点では、現状はまだ制度を構築中ですが、今後の取り組みとして部門間の異動を通じたジョブ・ローテーションによるキャリアアップもしやすい仕組みをつくりたいと思っています。構想としては、1つの部署で数年間業務に携わり、次の部署に異動します。そのメリットは2つあります。

1つ目は、他部署の業務内容が分かり、苦労も分かることです。実際に経験すれば他部署の大変さが分かりますし、業務内容だけでなくその部署の人たちに対する理解も深まります。例えば、プラットフォームサービスはBtoBtoCの事業ですので、Bの団体向けの営業をしている従業員はCのことがよく分かりません。その従業員がC

向けのサポート部署に異動すれば、今までとは違った視点でサービスを見ることができ、自分についてもサービスそのものについても新たな課題を発見することもあると思います。中小企業は基本的に人手が不足しますので少数精鋭で戦っていかなければなりません。その点でもジョブ・ローテーションによって多能化することが大事ですし、それは従業員本人にとっても社会人としての社会的な価値を高めることにつながるだろうと思います。

2つ目のメリットは業務の属人化を防げることです。人手が不足しがちな中小企業は、ある特定の従業員にしか分からない業務があると、その人が不在だったり退職したりしたときに業務が滞るリスクがあります。ジョブ・ローテーションによる多能化はそれを防ぐ効果があり、多様な業務に対応できる従業員が増えるほど企業としての生存力も高くなるだろうと思います。

成長の道筋を可視化する

業務水準に応じた評価制度の内容についてはパート向けにもスキルシートをつくり共有しています。例えば、入社してから仕事を覚えていく手順を示すとともに、この業務ができたら次はこの業務を任せますといったことを明記しています。

パートに任せる業務も多岐にわたりますので、最初にあれもこれもと頼みすぎると混乱してしまいます。スキルシートには、そのような混乱を抑えながら徐々に業務に慣れてもらう狙いがあります。

また、会社としては1から10まで業務を任せたいのですが、パートが10までいかぬまま、自分は完全に業務を覚えたと勘違いしてしまうケースもあります。スキルシートで任せたい業務の全容を見せることは、そのような事態を防ぐことにもつながります。全体像が見えることで現在地を把握しやすくなりますし、先が見える状態で業務を覚えるほうが不安感も軽くなります。スキルシートは部署内で共有しているため、このシートを参照することによって誰がどれくらいの業務ができるのかが分かります。そのメリットは、従業員同士で分からないことを解決できるようになることです。例えば、現像機のメンテナンス方法が分からない場合、スキルシートに基づく評価を見れば誰なら分かるか把握できます。その人に聞けばメンテナンスの問題が解決でき、分かる人を探すのに時間が掛かったり、分からない人に聞いて間違った方法を教わったりといったことを防ぐことができます。教える側から見ると、誰かに聞かれるということは、その業務を完璧にできるようになったという証拠になります。

評価制度について重要なのは、会社として解決したい課題、現在の業務内容、外部環境などによって従業員に求めるスキルなどは変わることがあるということです。そして、そのことをあらかじめ従業員に伝えておくことも重要です。

会社の規模が変われば従業員に求める業務内容も変わります。そのような変化を想定して、評価制度は常にブラッシュアップしています。また、評価制度をつくり込んでも、それだけでいきなり従業員の主体性や積極性が高まったり、自走できたりするようにはなりません。そもそも従業員全員が満足できる評価制度はつくれないのかもしれませんが、より効果的な評価制度を目指して適宜制度を磨いていくことが会社の務めだと思います。

おわりに

私は自衛隊に入るときからずっと、誰かの課題を解決してありがとうをもらうことを自分の働く目的としてきました。従業員が増えていくなかで、その目的を彼ら彼女らと共有し、顧客に対しても私たちがありがとうをもらうことに全力を尽くす組織であることが浸透してきました。

その考えは今も変わりません。海外展開を実現することにより、より多くの課題を発見・解決できる組織として成長していきたいと思っています。

そのための重要なステップとして、会社は現在、株式上場に向けた準備を進めています。未上場で会社を発展させていくこともできますが、上場することによって私たちやプラットフォームサービスの存在を広く知ってもらえれば、より多くのありがとうをもらうことにもつながっていくと考えたからです。

余談ですが、私たちが本社をおく埼玉県からはここ十数年にわたって上場企業が出ていないのだそうです。日本には４０００社近い上場企業がありますが、埼玉県で上場している会社は70社ほどしかありません。そのような背景も含めて、私たちの会社が発展して上場を果たすことは、地域経済活性化につながると思います。

上場するためには社内統制を含めてさまざまな制度をつくる必要があり、外部の目が入ることで組織として不十分な部分が見つかり、改善していくきっかけとなります。複数の企業や投資家に評価されるためには、社会の公器として世の中に必要とされる会社にならなければなりません。そのためにはサービス内容をより良くしていくことだけではなく、どんなサービスも最後は「人」が重要という視点に立って、従業員の自覚と責任感も高め、一人ひとりが自立して組織として自走できる状態にしていかなければなりません。

言い換えれば、上場できる会社は制度がきちんとできている状態です。まずはその水準まで会社を発展させることが直近の目標です。制度づくりをはじめ、やらなければならないことはたくさんありますが、起業から現在に至るまでの過程であらゆることを準備し、一歩先を見ながら挑戦してきたのと同様に、優秀な人材とともに上場までの道のりをスピード感をもって駆け抜けたいと考えています。

その先としては海外展開があります。海外にも手を広げれば、全国展開よりもさらに多くの課題を解決できるはずです。

プラットフォームサービスは国境を越えて評価される可能性がある事業です。その本質は写真販売のサービスであり、撮るのは得意だけれど売るのは苦手、売る方法が分からないと悩むカメラマンは日本に限らず多くいるはずだからです。

そもそもカメラマンは販売業務が得意ではなく、しかし、販売しなければ売上にならないというジレンマを抱えています。その課題を解消できるサービスは万国共通で役に立ちます。最終的には世界中のカメラマンの生活を支える会社になり、地球規模で喜んでくれる人を増やせる会社となることをイメージしています。

個人も会社も成長していくためにはイメージが大事です。イメージが鮮明になるほどそのイメージを現実にするための情熱も湧き上がりますし、情熱が周りに伝わることで協力者や仲間も集まってきます。イメージが鮮明になれば、あとは挑戦するだけです。

起業も新規事業の創出も決して簡単ではありませんが、挑戦を続けていけば道は拓けます。応援してくれる仲間が集まり、同志も増えていくものです。

本書は起業を考えている人に向けて書きました。独立まではいかなくても、最近は社内ベンチャー支援制度などを使って新規事業を創出するケースも多く、そのような人に役に立つ知見を共有しようと考え、自分の取り組みを例にしながら成長と成功のポイントを余すところなく書いたつもりです。

一度きりの人生を存分に生きるために、本書を通じて挑戦意欲が高まったと感じる人が一人でも多く現れることを願っています。世の中の課題を解決し、一緒に日本を元気にしていきたいと思っています。

【プロフィール】

佐藤堅一（さとう　けんいち）

株式会社ハッピースマイル代表取締役社長兼CEO

陸上自衛隊に8年間在籍。三等陸曹まで昇進したのち、カメラマンに転職。2009年に日本で初めての写真代行販売サービス「フォトパーク」を発案しサービス開始。2014年には、写真販売のプラットフォームサービス「みんなのおもいで.com」をリリースし、2023年7月現在、累計利用者数350万人、累計会員登録数60万人、全国6500以上の団体に登録されている。

本書についての
ご意見・ご感想はコチラ

起業力
課題ドリブンでビジネスを考える

2023年8月30日　第1刷発行

著　者　　佐藤堅一
発行人　　久保田貴幸

発行元　　株式会社 幻冬舎メディアコンサルティング
〒151-0051　東京都渋谷区千駄ヶ谷4-9-7
電話　03-5411-6440（編集）

発売元　　株式会社 幻冬舎
〒151-0051　東京都渋谷区千駄ヶ谷4-9-7
電話　03-5411-6222（営業）

印刷・製本　中央精版印刷株式会社
装　丁　　弓田和則

検印廃止

ISBN 978-4-344-94704-7 C0034
幻冬舎メディアコンサルティングＨＰ
https://www.gentosha-mc.com/